JN084447

台湾専利実務ガイド

台湾の特許・実用新案・意匠に関し、
最新台湾専利法に基づいた出願から
審査・審判・訴訟までの仕組みと実務

維新国際専利法律事務所
台湾弁護士・弁理士
黄 瑞賢 [著]

日本弁理士
降幡 快

発明推進協会

巻頭言

　台湾の専利（特許、実用新案及び意匠）制度の基となっているのは、1949年1月1日に中国で正式施行された専利法です。その後1979年、2001年及び2003年等多数の改正を経て、現在に至っています。さらに専利法に関連して、2007年に知的財産裁判所の設立及び専利師制度の創設という重大改革が行われるなど、台湾の専利制度は時代の流れや国際的な制度調和に沿うよう一歩ずつ改善されてきています。

　こうした台湾専利制度の発展過程において、台湾への専利出願は日本からすれば欠かすことのできない重要な対象地域であり、今後もその傾向は変わらないでしょう。この傾向は台湾への専利出願件数や台湾への進出企業数といった統計数字からも明らかです。ところが、台湾の専利制度や実務を詳細に紹介する書籍は、大変驚くべきことに、一冊たりとも存在しないように思われます。台湾知財に対する様々なニーズは相当高いにもかかわらず、その制度や実情を詳細に紹介する書籍が現時点ではほぼ入手できないというのは、非常に残念でなりません。台湾で長年にわたり専利に関する業務を行ってきた筆者らは、このような現状に羞恥の念にかられる一方で、台湾専利に関する専門書を一刻も早く完成すべきだという思いから、本書を執筆するに至りました。

　本書は日本企業の法務や知財部の担当者、特許事務所や法律事務所の外国案件の担当者を対象とし、こうした方々が台湾専利の出願や権利保護等の実務を理解できるように、内容を作成しました。また、台湾専利法のこれまでの改正内容にも言及し、2019年11月1日に施行された改正専利法の内容（出願分割の期限緩和、意匠の存続期間延長など）についても、本書で詳しく解説しております。

巻頭言

　本書の内容は台湾専利法で規定されている三種類の専利、即ち特許、実用新案及び意匠について記載しております。そして、台湾の専利法、専利法施行細則、専利審査基準等の規定を根拠とし、同時に筆者らの長期にわたる実務経験に基づき、具体的事例を交えつつ詳細に説明しました。また、出願に関する内容のみならず、日本企業や日本の代理人からの関心度が高い拒絶査定後の行政救済、無効審判、訂正及び侵害訴訟等の行政訴訟手続き、権利保護や権利行使に関する内容も、別途章を設けて説明してあります。

　近20年の台湾専利法の改正内容からもわかるように、台湾の専利制度を概観すると日本のそれと多くの点で類似していることは事実であります。しかし、両国の制度を細かく比較検討すると、台湾独自の規定や日本には存在するが台湾には存在しない規定が意外と多くあることに気付かれると思います。一部例を挙げると、出願ルート、特実同日出願、職務発明、行政救済などです。日本の特許制度を熟知する日本の実務担当者がこうした台湾独自の規定、日本との相違点について素早く的確にその内容を把握できるように、本書を記載しております。

　本書は２名の筆者に加え、台湾専利業界の先輩方、著者の属する事務所の所員（賴志忠、高薇雙、張郁琦、陳奕妏、桂梨絵、鄺欣然、黃繹珊、その他所員）といった方々の協力があって初めて、日本での出版に至ることができました。ここで改めて深い謝意を表したいと思います。

筆者を代表して
維新国際専利法律事務所
台湾弁護士・弁理士　黃　瑞賢
日本弁理士　降幡　快

凡例

- 本書の内容は2019年12月１日現在の専利法、専利審査基準、専利法施行細則の内容に基づいたものとなっている。

- 判決は、適宜日本語で使用されている漢字へと変換し、西暦を追記した。

    例：智慧財産法院106年行専訴字第63號判決

    →知的財産裁判所106（2017）年行専訴字第63号判決

目次

目次

目次

目次

索引

著者紹介

事務所紹介

第一編

総　論

第一章　台湾専利制度の概要及び出願状況

第一節　制度の概要

　台湾では特許、実用新案及び意匠の3つを総称する「専利」という言葉が使われている。台湾の専利法には、特許、実用新案及び意匠に係る内容が規定されており、特許法、実用新案法、意匠法と法律が分けて規定されている日本とは大きく異なる。台湾において特許、実用新案及び意匠に対応する言葉はそれぞれ「発明」、「新型」及び「設計」である。本書では「発明」、「新型」及び「設計」という語は使用せず、「特許」、「実用新案」及び「意匠」という語を用い、この三者をまとめて表す場合は「専利」という語を用いる。

　以下に特許、実用新案及び意匠の主な違いをまとめた。詳細な内容は第二編から紹介していく。

表1　特許、実用新案及び意匠の比較

	特許	実用新案	意匠
定義	自然法則を利用した技術的思想の創作	自然法則を利用した技術的思想のうち、物品の形状、構造又はその組み合わせに係る創作	物品（物品の部分を含む。）の形状、模様若しくは色彩又はこれらの結合であつて、視覚を通じて美感を起こさせるもの
保護対象外	動植物	物品の形状、構造又はその組み合わせに係るものでないもの	物品の機能を確保するために不可欠な形状のみからなるもの
	動植物を生産する主要な生物学方法		単なる芸術創作
	人間や動物を診断、治療又は手術する方法		集積回路のレイアウト及び電子回路のレイアウト
審査	請求後、実体審査	基礎的要件のみ審査	出願後、実体審査

出願公開	あり	なし	なし
専利 三要件	産業利用可能性 新規性 進歩性	産業利用可能性 新規性 進歩性 （技術評価）	産業利用可能性 新規性 創作非容易性
新規性 喪失例外	本意又は非本意による公開		
優先権	国際優先権及び国内優先権		国際優先権
	12ヶ月		6ヶ月
微生物 寄託	適用	不適用	
強制ライセンス	あり		なし

第二節　出願状況（統計資料）

　台湾における専利の管轄機関は経済部知的財産局（以下、台湾特許庁）である。なお、台湾特許庁は専利に加え、商標の管轄機関でもある。

　最新の統計資料[1]によれば、2018年の台湾国籍の出願人による特許出願は18,365件、外国籍の出願人による特許出願は29,064件となっている。実用新案においては、台湾国籍の出願人による出願は16,661件、外国国籍の出願人による出願は1,249件、意匠においては、台湾国籍の出願人による出願は4,252件、外国国籍の出願人による出願は3,830件となっている。

　2018年に台湾において特許出願を行った外国上位5ヶ国は順に日本（12,871件）、アメリカ（6,393件）、中国（2,595件）、韓国（1,766件）、ドイツ（1,197件）である。意匠登録出願の場合は日本（1,224件）、アメリカ（777件）、韓国（305件）、中国（296件）、ドイツ（233件）の順となっている[2]。

　以下の表2～4は最近10年間の特許、実用新案、意匠の出願及び審査関連件数の統計を示したものである。

---

[1]　2018年台湾特許庁年報
：https://www.tipo.gov.tw/public/Attachment/951513425687.pdf
[2]　前注と同様

表2　最近10年間の特許出願に関する統計（件）

	出願	公開	審査請求	再審査請求	拒絶査定	公告	無効審判請求
2009	46,582	52,605	40,826	2,122	8,902	14,138	233
2010	47,327	44,949	40,972	2,761	10,768	16,377	166
2011	49,919	46,154	43,411	3,311	14,875	20,025	122
2012	51,189	51,590	44,465	4,466	20,871	25,535	154
2013	49,217	52,123	43,447	6,350	26,287	40,249	123
2014	46,379	48,715	41,252	6,973	24,349	45,601	138
2015	44,415	47,363	40,475	6,667	21,372	48,315	122
2016	43,836	44,355	38,382	6,239	15,427	48,947	163
2017	46,122	43,676	40,124	5,343	10,383	45,710	163
2018	47,429	44,073	41,991	4,430	8,601	36,147	145

出典：台湾特許庁[3]
　注：「拒絶査定」は再審査を経て拒絶査定が下されたもの。

表3　最近10年間の実用新案登録出願に関する統計（件）

	出願	拒絶査定	公告	技術評価請求	技術評価書作成	無効審判請求
2009	25,032	216	23,595	2,603	1,448	703
2010	25,833	239	23,956	2,560	2,486	738
2011	25,170	313	24,038	2,301	2,821	622
2012	25,637	318	24,642	2,363	2,572	621
2013	25,025	264	24,844	2,273	2,676	481
2014	23,488	239	23,712	2,153	2,104	422
2015	21,404	193	22,106	1,964	2,155	406
2016	20,161	191	19,793	1,607	2,049	329
2017	19,549	174	19,037	1,553	2,075	314
2018	17,910	160	18,559	1,397	1,515	368

出典：台湾特許庁[4]

---

[3]　注1と同様
[4]　注1と同様

表4　最近10年間の意匠登録出願に関する統計（件）

	出願	再審査請求	拒絶査定	公告	無効審判請求
2009	6,738	186	1,094	5,995	42
2010	7,220	108	841	5,690	46
2011	7,735	127	706	6,242	48
2012	8,248	75	630	6,431	53
2013	8,969	70	753	7,049	56
2014	8,148	181	868	6,939	56
2015	7,808	204	877	7,666	74
2016	8,445	90	672	7,666	56
2017	8,120	104	521	7,130	48
2018	8,082	83	643	7,487	54

出典：台湾特許庁[5]
　注：「拒絶査定」は再審査を経て拒絶査定が下されたもの。

---

[5]　注1と同様

第二章　台湾への出願ルート

第一項　外国から台湾への出願方法

　通常、第一国において最初に特許出願又は実用新案登録出願（以下本章では特許と実用新案をまとめて「特許」と記載）をした者が、その特許出願の出願書類に記載された内容について他の国に特許出願しようとする方法として、パリ条約に基づく出願とPCT（特許協力条約）に基づく国際出願（以下「PCT出願」）の2つが挙げられる。

　台湾は2002年からWTO加盟国となったため、TRIPS協定（知的所有権の貿易関連の側面に関する協定）第2条第1項の規定に基づき、パリ優先権を主張し台湾へ出願することが可能である[1]。また意匠登録出願については、パリ条約に基づく出願と意匠の国際登録に関するハーグ協定のジュネーブ改正協定に基づく国際出願（以下「ハーグ協定に係る国際出願」）が可能である。

　しかし、台湾はPCT加盟国及びハーグ協定の加盟国ではないため、台湾へはPCTに基づく国際出願を台湾へ国内移行することはできず、ハーグ協定に係る国際出願を利用して台湾へ意匠登録出願をすることもできない。よって、日本を含む外国の出願人が台湾へ専利を出願するには、パリ条約に基づき台湾へ個別に出願する必要がある。日本の出願人を例にとれば、台湾を含む各諸外国へ出願をする場合、一般的にはまず日本へ出願を行い、これを基礎出願として出願日から12ヶ月以内（意匠、商標の場合は6ヶ月）にPCT出願を行うとともに、台湾へも別途出願を行う、という形が採られることが多い。

　なお基礎出願はPCT出願であってもよく、PCT出願を基礎として優先権を主張し台湾へ出願することも可能である。ただし、当該PCT出願が

---

[1]　パリ条約に基づく国際優先権に関する内容は、第二編第一章第五節を参照。

既に優先権を主張している場合、優先権の累積的主張は認められないた
め、台湾出願における優先権の主張は認められない。

第二項　台湾から外国へ出願する場合

　台湾人又は台湾企業が外国へ出願する場合も、同様に PCT 出願を利用
することができず、パリルートによる出願しか利用できない。

　ただし、PCT 加盟国の国籍である出願人と共同で出願する場合や、
PCT 加盟国において会社を設立し当該会社が出願人となる場合は、PCT
出願を行うことが可能となる。

第三章　専利調査の方法

第一節　概説

　台湾の専利（特許、実用新案、意匠）検索に関して、台湾特許庁では「中華民国専利資訊検索系統」（以下、専利情報検索システム）、及び「全球専利検索系統」（以下、グローバル専利検索システム）という2つの検索プラットフォームを提供している。

　上述したプラットフォームはいずれも無料で利用可能である。台湾の専利について検索を行う場合、主として使用されているのは専利情報検索システムである。

　特許分類に関し、台湾では国際特許分類（International Patent Classification、IPC）が採用されており、意匠では国際意匠分類（ロカルノ分類、Locarno Classification、LOC）が採用されている。

第二節　専利情報検索システム

　専利情報検索システム[1]は2008年7月1日にリリースされ、1950年からの専利資料、公報の画像等が収録されている。以下、2013年以降に追加された新たな機能及びポイント機能をまとめて紹介する。

　中国語（繁体字）版に加え英語版も使用可能ではあるが、英語版では一部機能が利用できない等のおそれがあるため、以下では中国語（繁体字）版による画面操作を用いて紹介する。

---

[1]　URL：http://twpat.tipo.gov.tw/

第一項　ポイント機能

1.「検索去重」(重複削除)

　以下の図に示すように全ての検索ページにおいて「検索去重」という項目（太線で囲まれている部分）が追加されている。この項目にチェックを入れ検索を行うと、同一出願について公開公報と専利公報（公告）の両方が存在する場合、検索結果において公開公報が削除され専利公報のみが表示される。この機能により出願件数を正確に把握することができる。

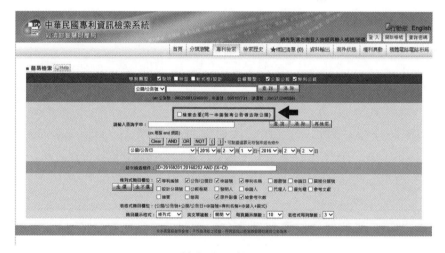

検索ページ画面

2．Google Translate 機械翻訳

　この機能を用いれば、明細書等を迅速に中国語から英語へ翻訳することができる。ただしあくまで機械翻訳であるため、参考用として用いるのが好ましい。

(a) 検索結果から特定の文献を選択し文献表示の画面に入り、太線で囲まれている「公告全文」又は「公開全文」のボタンをクリックすると、新たなウインドウで明細書等全文が表示される。

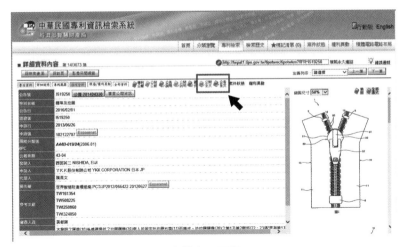

文献表示画面

（b）画面の左上にある Google Translate のドロップダウンメニュー（太線
　　で囲まれている所）から「英文」を選択すれば、明細書等は自動的に中
　　国語から英語へ翻訳される。

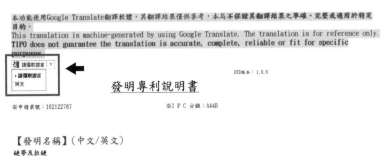

明細書全文表示画面

(c) 英訳後の画面

英文 | ▼

DTD version: 1.0.0

Patent specification

※ docket number: 102 122 787　　　　　　　※ IPC classification: A44B

[Title] (Chinese / English)
Chain belt and zipper
【Chinese】
Chain belt of the present invention (10) Department of the serrated teeth of the fastener (20) woven into and fixed to the fastener tape (11) is constituted. Fastener to the fastener (20) of the first and second leg portions (22, 23) is provided with first and second recessed portions (22a, 23a). In the first recessed portion (22a) is accommodated is fastened and fixed first leg (22) of the first tightening warp yarns (41), in a second recessed portion (23a) fixed to the second accommodating a fastening leg (23) of the the second tightening warp yarns (42). In this way, can make the first tightening warp yarns (41) and second tightening warp yarns (42) is not easy because the slider (30) of the sliding wear or breakage, etc. produced.
【English】
[Representative] FIG.
　[Figure] designated representative case: Fig. 2

明細書全文表示画面（英訳後）

3.「資料輸出」（エクスポート）

「資料輸出」は検索結果を excel 等のファイルへ出力する機能である。

(a) 検索結果画面において「本頁全選」（このページの全てを選択）、「全選」（検索結果の全てを選択）をクリックするか、又はいくつかの文献のチェックボックスにチェックを入れた上で「選取」（選択）をクリックすると、画面の右上の１列目のメニューに「資料輸出」という選択肢が現れる。

検索結果画面

（b）「資料輸出」のボタンをクリックすると出力設定の画面に入る。画面の右側では出力希望の出願リストを再チェック又は調整することができる。左側では出力希望の情報項目を選択することができる。出力希望の出願リスト及び情報項目の選択を完了した後、「執行輸出」（出力執行）をクリックする。なお、出力形式は excel、txt 及び csv の３種類から選ぶことができる。また、出力上限は１回あたり1,000件となっている。

出力設定画面

13

4．特実同日出願の備考

文献表示画面において、要約書の上に「備考」の欄が追加され、特実同日出願の場合は備考欄にその旨が記載されるようになっている。

文献表示画面（備考欄）

第二項　個人アカウントの機能

　専利情報検索システムの基本機能は特に登録なく何人も使用できるが、より進んだ機能については個人アカウント登録をすることで、使用することが可能となる。個人アカウント登録を行うと、例えば、プロジェクト管理、検索履歴及び検索条件の保存、対象文献の追加通知、閲覧補助機能、案件分析、統計図表等のサービスを利用することができる。

１．対象文献の追加通知

　自らが設定した検索条件に合う出願が新たにデータベースに追加された場合、アカウントのメールアドレスに自動で通知される機能である。例えば、キーワードや IPC、出願人等で条件を設定し、案件のウォッチング等に利用することが考えられる。なお、明細書及び特許請求の範囲の内容はデジタル化作業に時間がかかることから、検索条件から除外されている。

対象文献の追加通知設定一覧画面

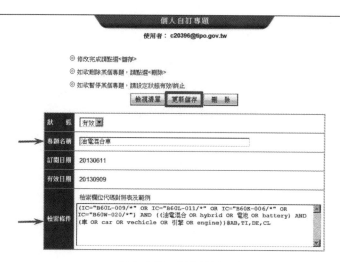

対象文献の追加設定画面

2．専利図表分析

　個人アカウントログイン後の検索結果の画面において、「案件分析」、「専利統計図表分析」及び「技術功効矩陣」というボタンが追加されている。検索結果が10,000件以内である場合に利用可能な機能である。

（1）案件分析

　例えば、検索条件を「（ナノ AND カーボンチューブ）@CL AND ID=:201306」として検索を行い、検索結果画面で「案件分析」ボタン（太線で囲まれている所）をクリックすると、左側に「国際分類号（IPC）」、「発明者」、「第一出願人」及び「年度」に基づく分析結果が表示される。

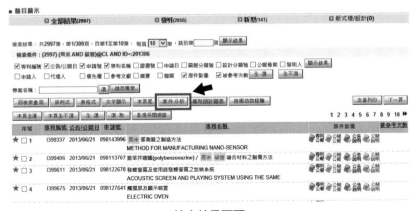

検索結果画面

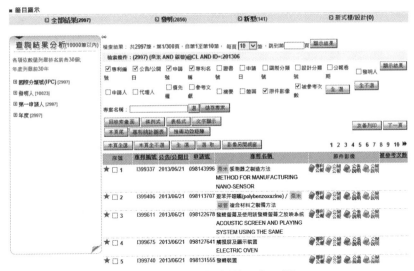

検索設定画面（分析結果表示後）

　「国際分類（IPC）」のメニューを開き所望の分類を選択すると、右側に当該分類に該当する出願が選別される。

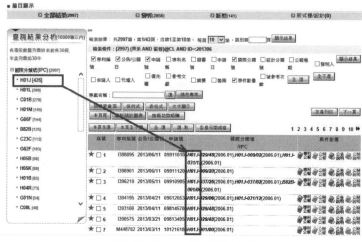

検査結果画面（分類選択後）

(2) 専利統計図表

　「専利統計図表」ボタンをクリックすると、新たなウインドゥで統計図表設定画面が表示され、統計図表を作成することができる。作成可能な図表としては「技術ライフサイクル図」、「二次元図表」及び「三次元立体図表」がある。

統計図表設定画面

（a）技術ライフサイクル図

　横軸に出願人数、縦軸を専利件数としたグラフが表示される。検索結果に係る専利の発展及び衰退の傾向を把握することができる。

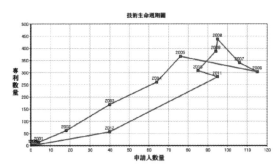

	1999	2000	2001	2002	2003	2004	2005	2006	2007	2008	2009	2010	2011	2012	2013
申请人数	1	2	4	18	40	64	76	115	106	95	94	85	95	40	2
专利数量	2	2	14	62	169	261	367	304	341	437	388	309	282	57	2

技術ライフサイクル図

（b）二次元図表

　IPC、第一出願人や出願年等により、二次元の図やグラフを表示することができる。

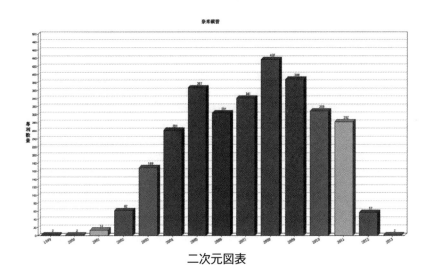

二次元図表

（c）三次元立体図表

同様に三次元のグラフも表示可能である。

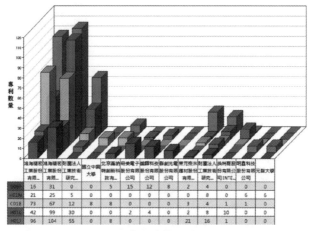

三次元立体図表

（3）技術効果マトリックスマップ

検索結果の数が3,000件以下であれば「技術功効矩陣」というボタン（太線で囲まれている所）が表示される。そのボタンをクリックすると技術効果マトリックスマップの分析画面に入る。

検索結果画面

20

　技術効果マトリックスマップ設定画面において、自らが定義する技術／効果の名称及び検索条件式を入力する。

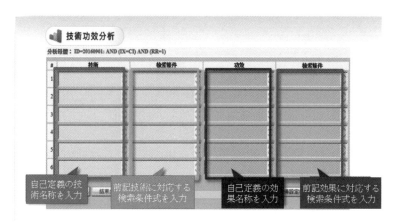

技術効果マトリックスマップ設定画面

　入力できる検索条件式の行列の限度は6行6列である（ただし少なくとも1行1列は必要）。

　「下載設定檔」（設定内容ダウンロード）をクリックすることで入力した内容を保存することができる。入力完了後、「分析結果」をクリックすると分析が行われ、結果が表示される。

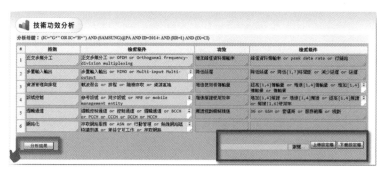

技術効果マトリックスマップ設定画面（入力後）

　分析結果は右頁の図の通りである。

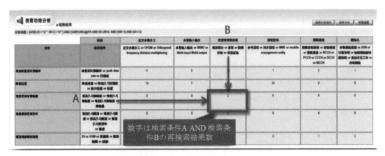

技術効果マトリックスマップ画面

さらに対象箇所の数字（出願数）をクリックすると、出願の詳細リストを閲覧することができる。

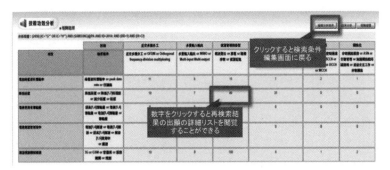

技術効果マトリックスマップ画面

また、「矩陣絵図」というボタンをクリックすれば、分析結果に基づくバブルチャートが作成される。

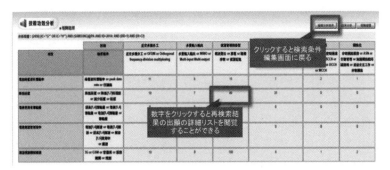

技術効果マトリックスマップ画面

　右上にあるドロップダウンメニューによってバブルチャートをダウンロードすることができる。

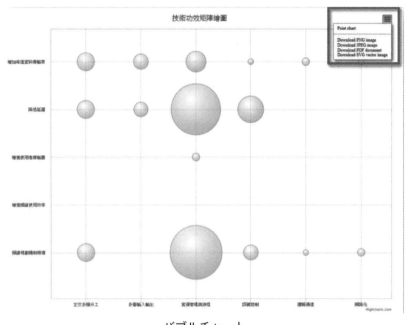

バブルチャート

第三節　グローバル専利検索システム

　2018年1月1日より台湾特許庁は「グローバル専利検索システム」[2]の提供を開始した。これは多国にわたる検索プラットフォームであり、五大特許庁（米、日、欧、韓、中）における2008年以降の特許情報、WIPO及び台湾の特許情報が収録されている。本システムは中国語、英語、日本語、韓国語のキーワード検索に対応しており、中国語（簡体字、繁体字）及び中国語同音異字の自動変換機能を提供している。出願の全文資料のほか、法律状態（審査記録）、パテントファミリー、引用回数等の情報も提供さ

---

[2]　URL：https://gpss.tipo.gov.tw/

れている。このプラットフォームも専利情報検索システムとほぼ同様の機能を備えている。

グローバル専利検索システムの検索結果画面

第四章　近年の専利法、専利審査基準及びその他の規定の改正内容

　専利法は1949年より施行され、今日まで多くの改正がされている。専利法及び専利審査基準については2013年より重要な改正、改訂が次々と行われており、以下に2013年以降の改正のポイントを紹介する。詳細な内容については、別途該当箇所を参照されたい。

専利法改正（2013年1月1日施行）

1. パリ優先権の回復規定を導入（専利法第29条）

2. 特実同日出願（一案二請）制度を導入（専利法第32条）[1]

　　同一の発明・考案に係る特許出願と実用新案登録出願について、同一の出願人が同日に出願することを認める、特実同日出願制度を導入した。

3. 新規性喪失例外の適用範囲を進歩性まで拡張（専利法第22、122条）

4. 自発的補正の時期的制限を緩和（専利法第43条）

　　拒絶理由通知書の通知前であれば補正可能。

5. 「最後の拒絶理由通知」制度を導入（専利法第43条）

6. 無効審判の手続き規定を整備（専利法第71、73、75、78～82条）

　　無効審判請求時に無効を求める請求項を請求の趣旨に明記する必要があり、請求の趣旨は減縮のみ可能で追加はできない。

7. 存続期間が延長された専利に係る権利の及ぶ範囲を規定（専利法第53、54、56条）

　　許可証に記載されている有効成分及び用途の範囲に限る。

8. 意匠の保護対象を拡大、組物の意匠、関連意匠の導入（専利法第121、127、129条）

　　新式様専利を「設計専利」に改名。部分意匠、コンピューター画像及

---

[1]　詳細は、第三編第四章を参照。

25

びユーザインタフェースの意匠を対象とするとともに、組物意匠、関連
意匠を導入。

専利法改正（2013年6月11日施行）

１．同日出願において「権利接続制」を採用（専利法第32条）[2]

２．実用新案権者の責任規定を追加（専利法第106条）

　　実用新案権者は実用新案権を主張する際、実用新案技術評価書を提示
し前もって警告を行わなければならず、技術評価書を提示せずに警告を
してはならないと規定。

３．「合理的な実施料」に係る損害賠償計算基準を追加（専利法第97条）

４．「懲罰的３倍賠償」制度が復活（専利法第97条）

　　米国の規定を参考にし、相手が故意であることが証明されれば、最高
で実際の損害額の３倍まで損害賠償を請求できる。

専利法改正（2014年3月24日施行）

１．「専利入境保護措置」規定を追加（専利法第97条の１～第97条の４）

　　専利権者は、第三者の輸入物品が自己の専利権を侵害するおそれがあ
ると認めるときは、税関に担保金を提供し差し止めを申請することがで
きる内容を規定。

専利法改正（2017年5月1日施行）

１．新規性喪失例外の期間を12ヶ月へ延長（専利法第22条）

　　特許出願及び実用新案登録出願における新規性喪失例外の期間を６ヶ
月から12ヶ月に延長した。

専利審査基準改訂（2017年1月1日改訂）

訂正の判断基準に関する内容を改訂した。

---

[2]　詳しい規定は本書第三編第四章を参照。

1．「外的付加」（新たに別の発明特定事項を付加するもの）の訂正を許可

　　「外的付加」について、訂正前の請求項に係る発明の目的が達せられ
るのであれば、認められるようになった。

2．用途限定物請求項の訂正態様を緩和

専利審査基準改訂（2017年1月1日改訂）

　無効審判の基準に関する内容を改訂した[3]。

1．台湾特許庁による職権審理発動の態様を削減。

2．例外的に訂正を認め無効審判請求棄却審決となる「数値限定発明」の
　例を追加。

3．先にされた訂正が例外的にみなし取下げとならない状況を明確に規
　定。

4．外国語証拠又はインターネット資料証拠の立証責任を明確化。

専利審査基準改訂（2017年7月1日改訂）

　進歩性の判断基準に関する内容を改訂した。

1．主引用文献の選定を規定

2．進歩性が肯定／否定される方向に働く要素を規定

3．「阻害要因」の定義及び適用状況の内容を改正

専利無効審判の口頭審理作業方案（2018年3月30日施行、2019年8月5
日改訂）

　新たに追加された方案。合議体による審理、公開審理、参加対象の拡大
等により、無効審判審理の正確性向上及び信頼感上昇を図ることが目的。
当事者（無効審判請求人又は被請求人）が申請できる。また、台湾特許庁
も職権により口頭審理を行うことができる。

---

[3]　詳しい規定は本書第二編第四章第三節を参照。

専利法改正（2019年11月1日施行）

1．分割の要件緩和（専利法第34条等）

（1）時期的制限

　特許査定後の分割について、時期的要件を30日以内から3ヶ月以内へ緩和し、また再審査を経た特許査定後の分割も認めるように改正された。

現行法	改正法
再審査を経た特許査定後は不可	再審査を経た特許査定後も分割可能
特許査定書送達後30日以内	特許査定書送達後3ヶ月以内 （初審査・再審査のいずれも）
実用新案は査定（処分）後分割不可	実用新案も登録査定（処分）後は、特許同様の期限内に分割可能

（2）その他

　「分割は、元の出願の明細書又は図面で開示された発明でかつ特許査定となった請求項に係る発明と同一でないものから、行わなければならない。」（専利法第34条第6項前段）

　「元の出願において特許査定が下された明細書、特許請求の範囲又は図面を変更してはならない。」（専利法第34条第7項）

　上記2つの規定は、従来は専利法施行細則で定められていたものを専利法にて規定するようにしたものであり、実質的な変更はない。

　また、専利法第34条第6項前段の規定を満たさない分割は、拒絶理由が通知される。（専利法第46条第1項）また、専利法第34条第6項前段の規定を満たさない分割がされた場合、無効理由となる。（専利法第71条第1項第1号）

2．無効審判の手続き規定の整備（専利法第73、74、77条等）

（1）理由又は証拠の補充提出期限に係る規定として、従来「請求後1ヶ月以内、ただし審決前に提出されたものは斟酌される」とされていたところ、改正法では「請求後3ヶ月以内、期限後に提出されたものは斟酌し

ない」という内容に変更された。

現行法	改正法
審判請求後1ヶ月以内 ただし、審決前も提出可	審判請求後3ヶ月以内 上記期限後は不可

(2)　無効審判中の訂正請求の時期的制限を明文規定

現行法	改正法
制限なし	以下の期間に限る（限定列挙） （1）答弁通知の期間内 （2）補充答弁の期間内（請求人が理由補充した際） （3）訂正請求を認めない旨の通知で指定された期間内 ただし、特許権が訴訟に係属している場合は、上記の制限を受けない。

3．実用新案の訂正に関する規定の改正（専利法第107、118〜120条）

	現行法	改正法
訂正の 時期的 制限	制限なし	以下の期間に限る（限定列挙） （1）技術評価書の受理中 （2）実用新案権が訴訟に係属している間 （3）無効審判が係属している間
訂正の 審査	原則として基礎的要件審査 （無効審判係属中は実体審査）	全て実体審査

4．意匠権の存続期間変更（専利法第135条）

現行法	改正法
出願日から12年	出願日から15年

2019年改正法の適用対象（専利法第157条の2〜157条の4）

　2019年改正法が適用されるのは以下のものである。

（1）施行日前に、査定がされていない専利出願（ただし、施行日前に査定・処分がされている場合であっても、査定・処分後3ヶ月の期間が経過していない場合は、分割が可能である）

（2）施行日前に、審決が出されていない無効審判及び訂正

（3）施行日に、存続期間が満了していない意匠権

第二編

特　許

第一章　出願

第一節　出願手続の流れ

特許出願の流れは以下の通りである。

(1) 出願

台湾では「先願主義」（first-to-file system）が採用され、願書、明細書、特許請求の範囲及び必要な図面が完備した日を出願日とする[1]。

(2) 方式審査

台湾特許庁より、特許出願について手続的な要件及び書類の形式的な要求（例えば、手数料納付、願書記載、委任状や優先権証明書等の必要書類など）のを満たすか否かを審査する方式審査が行われる。

(3) 公開

非公開にすべき事由がなければ、特許出願は出願日（又は最先の優先日）から18ヶ月後に台湾特許庁より公開される[2]。

(4) 審査請求

特許出願において実体審査請求制が採用され、出願日から3年以内に台湾特許庁に対して実体審査を請求することができる（なお審査請求は何人も行うことができる）。所定期間内に審査請求が行われなかった場合は、当該特許出願は取り下げられたものと見なされる[3]。

---

[1] 必要とする書類は本書第二編第一章第二節を参照。
[2] 詳しい規定は本書第二編第一章第九節を参照。
[3] 詳しい規定は本書第二編第二章第二節第一項を参照。

(5) 実体審査

　台湾特許庁より特許出願が特許要件を満たすか否かについて審査が行われる（初審査）。審査官は拒絶理由を発見した場合、書面にて出願人に拒絶理由通知を送付しなければならない。出願人は拒絶理由通知で指定された期間内に意見書や補正書を提出することができる。また、初審査の査定に対し不服がある場合、拒絶査定書の送達日から2ヶ月以内に再審査を請求することができる[4]。

(6) 特許査定、年金（登録料）納付、登録公告

　審査官による審査の結果、拒絶理由が発見されなかった場合、特許査定書が送達され、出願人により証書料及び1年目の登録料が納付された後、特許は特許原簿に登録され、公告される[5]。

(7) 訴願、行政訴訟

　再審査においても拒絶査定が下された場合は、訴願請求、行政訴訟の手続を通じて救済を求めることができる[6]。

---

[4]　詳しい規定は本書第二編第二章第二節第二項を参照。
[5]　詳しい規定は本書第二編第三章第一節を参照。
[6]　詳しい規定は本書第二編第四章第一節を参照。

台湾特許出願手続の流れ

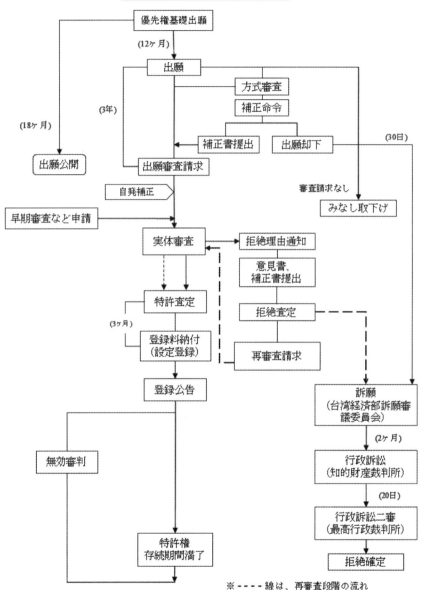

※ ---- 線は、再審査段階の流れ

第二節　出願に必要な書類

　特許出願をする場合、願書、明細書、特許請求の範囲、要約書及び必要な図面を提出しなければならない。

第一項　願書

　願書には中国語にて以下に掲げる事項を明記しなければならない[7]。

(1) 発明の名称

(2) 発明者の氏名、国籍（英語表記付き）

(3) 出願人の氏名又は名称、国籍、住所若しくは居所又は営業所（英語表記付き）

(4) 委任による代理人[8]がある場合、その氏名、証書番号、事務所名称

(5) 特記事項：優先権、新規性喪失の例外、特実同日出願の声明

　なお、発明者及び出願人の情報には中国語及び英語の両方の表記が必要である。

第二項　明細書

2.1　明細書の言語

　出願時の明細書として、外国語明細書（外国語書面）を提出することができる[9]。外国語の種類は、日本語、英語、韓国語、ドイツ語、フランス語、スペイン語、ポルトガル語、ロシア語、アラビア語の9種に限られている[10]。

---

[7] 専利法施行細則第16、49条

[8] 台湾域内に住所又は営業所を有しないものは、委任による代理人によらなければ手続きを行うことができない（専利法第11条第2項）。また実務上、代理人は台湾域内に住所を有していなければならない。

[9] 専利法第25条第3項

[10] 専利法第145条、専利以外文本申請実施辦法（特許の外国語書面出願の実施命令）第2条

　外国語書面出願の出願人は、出願日から４ヶ月以内に外国語書面の中国語翻訳文を提出しなければならない。上記期間は、満了前に２ヶ月の延長を請求することができる。

　外国語書面にて出願をする場合、特許出願であれば、明細書、少なくとも一以上の請求項が記載された特許請求の範囲及び必要な図面を提出しなければならない[11]。

2.2　明細書の記載項目

　明細書には発明の名称、技術分野、背景技術、発明の概要、図面の簡単な説明、発明を実施するための形態及び符号の説明等の事項に見出しを付し、順番に記載しなければならない。

(1) 発明の名称

　発明の名称は、出願に係る発明の内容を簡明に表示するものでなければならない。無関係な文字を付せずに出願対象を記載し、発明の分野が反映されていなければならない。

(2) 技術分野

　技術分野は特許出願に係る発明の属する又は直接に応用している具体的な技術分野のことを指し、上位分野、発明そのもの又は関連技術分野ではない。

(3) 背景技術

　背景技術の記載は審査官に特許出願に係る発明と背景技術との関係を理解させることで検索、審査を容易に行わせるためのものであり、具体的な記載内容としては特許文献又は非特許文献がある。

---

[11]　専利以外文本申請実施辦法（特許の外国語書面出願の実施命令）第４条。

(4) 発明の概要

　発明の概要として、発明が解決しようとする課題、課題を解決するための手段及び背景技術に対する発明の効果の三部分がある。上記三部分の内容及びそれぞれの対応関係を、個別形式でなく総合形式で記載する。

(5) 図面の簡単な説明

　もし図面があれば、簡明な文字で図面番号の順序により図面を説明する。

(6) 発明を実施するための形態

　明細書には出願に係る発明の実施の形態を少なくとも一つ記載しなければならない。必要があるときは、それを具体的に示した実施例（examples）を記載する。もし図面があれば、図面を参照して説明する。発明の実施の形態又は具体的な実施例は、特許出願人が最良と思うものを記載し、課題を解決するための手段を示す。

(7) 符号の説明

　もし図面があれば、図面の番号又は符号の順番により図面の主要な部分を表す符号を示し、その説明を記載する。

第三項　特許請求の範囲

3.1　概要

　専利法第26条第2項には「特許請求の範囲は、特許を受けようとする発明について限定しなければならない。前記特許請求の範囲には一以上の請求項を含むことができ、各請求項は、明確、簡潔な方式で記載しなければならず、かつ明細書で支持されなければならない。」と規定している。

3.2　請求項の記載形式

　特許請求の範囲は一項以上の独立項で記載することができ、その項数は発明の内容に適合しなければならない。また、必要があるときは、一項以

上の従属項を記載してもよい。なお、その従属関係により独立項、従属項にアラビア数字を付し、それらを順番に記載しなければならない。

　請求項には化学式又は数式、必要があるときは表を記載することが可能であるが、挿絵を記載してはならない。なお、絶対必要である場合を除き、明細書のページ番号、行番号又は図面番号、図面において使用した符号を発明特定事項として請求項に記載してはならない。ただし、特許発明に係る特定の形状が文字で表示できない場合には、請求項に「図……の示す通り」等の用語を記載することが可能である。化学反応の生成物に関する発明特定事項が曲線図又は見取り図でしか表示できない場合も同様である。

　請求項の記載の内容を理解するために必要があるときは、当該願書に添付した図面において使用した符号に括弧をつけ、対応する発明特定事項の後ろに付すことができる。しかし、その符号は請求項の解釈を制限するものにはならない[12]。

3.3　請求項の類型
3.3.1　独立項と従属項

　特許発明の技術的手段を完全に反映するために、独立項において、出願に係る発明の保護対象の名称及び出願人が必要と認定する発明特定事項を明記しなければならない。必要な発明特定事項とは、課題を解決するために不可欠な発明特定事項をいう。物の発明においては、構造の特徴、部品又は成分等を指す。方法の発明においては、条件又は工程などの特徴を指す。

　二以上の請求項を引用した従属項は「マルチクレーム」という。マルチクレームにおいて引用された独立項又は従属項の請求項番号は、「又は」又は「又は」に似た択一形式用語をもって接続する。

---

[12]　専利法施行細則第 19 条

日本と異なり台湾の特許審査においては、マルチクレームが直接に又は間接にその他のマルチクレームに従属すること（いわゆる、マルチマルチクレーム）は認められていない[13]。例えば、請求項３がマルチクレームとして請求項１、２の２項に従属する（「…、請求項１又は２に記載の…。」と記載される）場合、請求項４がさらに請求項１〜３の３項に従属する（「…、請求項１〜３のいずれか１項に記載の…。」と記載される）時、マルチクレーム（請求項４）がその他のマルチクレーム（請求項３）に従属することとなり、規定に反することになる。

3.3.2　引用形式クレーム

請求項の記載は明確性要件、簡潔性要件を満たし、重複記載にならないように、前の他の請求項を引用する形式にて記載することができる[14]。

通常、引用形式クレームは従属項である場合が多い。ただし、カテゴリーや保護対象の名称が異なる、又は引用する請求項における発明特定事項をすべて含有しない場合は、実質上、独立項として解釈しなければならない。以下に示す例では、請求項２は独立項として解釈される。
例：
（1）異なるカテゴリーの請求項を引用する。
　１．……、化合物 A。
　２．……、請求項１に記載の化合物 A の製造方法。

（2）他の請求項の共働部品（co-operating part）を引用する。
　１．……、特定の形態を有する雄ネジのボルト。
　２．請求項１に記載のボルトと組み合わせ、特定の形態を有する雌ネジのナット。

---

[13]　専利法施行細則第 18 条第 5 項
[14]　専利審査基準第 2-1-15 頁

（3）他の請求項に係る発明特定事項を引用する。（2項の保護対象は異なるものの、同一のカテゴリーに該当する。）

　　1．……ガラス基板を含む、バックライトボード。

　　2．請求項1に記載のバックライトボードを含む、LCD 部品。

3.3.3　ジェプソン型（Jepson Type）クレーム

　独立項の記載につき、二段式（two-part form）又はジェプソン型（Jepson Type）という形式により記載することができる。公知部においては、出願に係る発明の保護対象及び先行技術と共通する必要な発明特定事項を記載しなければならない。特徴部においては「…を特徴とする」、「…を改良とする」又はその他類似する用語をもって、先行技術と相違する必要な発明特定事項を明記しなければならない。独立項を解釈する際、特徴部の発明特定事項を公知部における発明特定事項と組み合わせなければならない[15]。

3.3.4　マーカッシュ形式（Markush-type）クレーム

　マーカッシュ形式クレームは、同一群に属する複数の組成が特許請求の範囲の同一請求項に含まれるものであり、通常、「A、B 及び C からなる群から選ばれる」（"selected from the group consisting of A, B and C"）という形式をもって記載する。並列した各選択肢は、類似する本質（nature）を有するものでなければならない。上位概念の特徴に一括された内容と下位概念の特徴とを並列してはならない。かつ、請求項に並列された各発明は、発明の単一性の要件を満たすものでなければならない。

　請求項に並列されている各選択肢が類似する本質を有するか否かは、以下の（i）及び（ii）の要件を同時に満たすか否かによって判断される。

（i）全ての選択肢が共通の性質又は活性を有する。

---

[15]　専利法施行細則第 20 条

（ⅱ）全ての選択肢が共通の構造を有する。即ち、全ての選択肢が重要な化学構造要素（element）を共有する。又は、共通構造には統一された判断基準がないものの、全ての選択肢は当業者が「公認する化合物群」に属するものである。

3.3.5　スイス・タイプ・クレーム

「疾病 X の治療薬の製造における化合物 A の使用」又は「疾病 X の治療薬の製造に用いる医薬組成物 B の使用」等の形式で記載された医薬用途クレームは、スイス・タイプ・クレーム（Swiss-type claim）と呼ばれる。その保護対象は薬物の製造方法と解釈され、人間や動物を治療する方法には該当しない[16]。

3.3.6　物の特性で限定されるクレーム

請求項において、構造又は工程によっては発明特定事項を特定できない場合に限り、パラメータ又は複数のパラメータを変数とする数学関係式を用いて当該技術的特徴を特定することができる。パラメータとしては例えば、融点、分子量、スペクトル、pH 値、ばね定数、電気伝導率などが挙げられる[17]。

3.3.7　機能（手段／手順）的クレーム

請求項の記載が以下の（1）から（3）までの条件を全て満たす場合、手段又は手順機能的クレームとして認定される。

（1）「……手段（又は装置）（means for）」又は「……手順（step for）」などの用語を用いて、発明特定事項を記載する。

（2）「……手段（又は装置）（means for）」又は「……手順（step for）」などの用語において、特定の機能を記載しなければならない。

---

[16]　専利審査基準第 2-1-36 頁
[17]　専利審査基準第 2-1-35 頁

(3)「……手段（又は装置）(means for)」又は「……手順（step for）」な
　どの用語において、特定の機能を果たすことができるに足る完全な構造、
　材料又は動作を記載してはならない[18]。

　「……手段（又は装置）(means for)」又は「……手順（step for）」など
の用語で記載された請求項は、明細書における当該機能の構造、材料又は
動作及びその均等範囲に対応する記載を含めて解釈しなければならない。
当該均等範囲は、出願時において当業者であれば疑義を生じない範囲に限
られる。

第四項　要約書及び図面

4.1　要約書

　要約書には明細書、特許請求の範囲又は図面に記載した発明の概要を平
易かつ明瞭に記載しなければならない。その内容は、発明が解決しようと
する課題、その解決手段及び主要な用途に限られる。原則として、文字数
は250字以内とする。もし化学式があれば、発明の特徴を最も示すことが
できるものを掲載する。また、商業的な宣伝用語を記載してはならない[19]。
　要約書は、明細書の記載が十分であるか否か、及び特許出願に係る発明
が特許要件を満たすか否かを決定する根拠に用いてはならない。また、特
許請求の範囲の解釈や、明細書、特許請求の範囲及び図面の補正、訂正に
おける根拠にも用いてはならない。

4.2　図面

　図面は、原則として製図法に従い、黒色で、鮮明かつ容易に消すことが
できないように描くものとする。また、図面は三分の二に縮小しても、記
入された各詳細がはっきり見えるように描かなければならない。図面には

---

[18]　専利審査基準第 2-1-35 頁
[19]　専利法施行細則第 21 条第 1 項

番号及び符号を付し、その順番で記載する。なお、図面には必要な注記以外の図面に関する説明を記入してはならない[20]。

　図面が製図法では描けない場合は、写真で代替することができる。写真としては例えば、金相図、電気泳動図、コンピューター造影画像、細胞・組織染色画像、動物実験の効果比較画像等[21]が挙げられる。

　化学式、数式又は表などが明細書に記載できない場合は、それぞれ「式1」「表1」などの番号を付し、明細書の最後に記載することができる。明細書の最後に記載することもできない場合は、図面に記載することができる。ただし、図面に記載する場合は図面に係る規定を満たさなければならない[22]。

　図面の内容は発明に係る技術内容の図形及び符号を主なものとし、図面の番号及び符号のみを付する。図面に関する説明は「図面の簡単な説明」に記載する。ただし、図面が座標、回路図、波形図、工程図、ベクトル図、光路図[21]等であれば、番号及び符号以外の必要な注記を付してもよい。

第三節　特許出願人

第一項　特許出願人
1.1　特許出願人
　特許出願人とは特許を受ける権利を有し、特許出願を行うことができる者である。自然人も法人も特許出願人に該当する。
　専利を受ける権利を有する者として[23]、発明者、考案者、意匠の創作者、

---

[20] 専利法施行細則第23条第1、2項
[21] 専利審査基準第1-6-3頁
[22] 専利審査基準第2-1-38頁
[23] 専利法第5条

発明者、考案者、意匠の創作者の被譲渡人又は相続人、雇用者、出資者が挙げられる。

1.2　特許出願人に該当しない主体
(1) 支社
　台湾会社法の規定によれば、支社は本社から分かれてその管轄を受ける機構である。よって、本社と支社の法人格は単一であり分割不能である。支社は権利義務の主体に該当しない故、本社の名義で出願を行わなければならない。

(2) 法人でない社団
　例えば、法人登録のされていないクラブ、パートナーシップの法律事務所、フリーランスの商号等、これらは実体法上の権利能力を有しない故、適格な出願人に該当しない。よって、法人でない社団の代表者、事務所のパートナー、フリーランス出資の自然人等を出願人として出願を行わなければならない。

　以下の場合、台湾特許庁は出願を受理しないことができる。
① 外国出願人の属する国と中華民国（台湾）が共同して特許保護に関する国際条約に加盟していない。
② 外国出願人の属する国と中華民国（台湾）の間で相互に特許を保護する条約や協定がない。
③ 外国出願人の属する団体や機構間で、主務官庁が認可した特許保護に関する協議がない。
④ 外国出願人の属する国が中華民国（台湾）国民の特許出願を受理しない。

1.3　共同創作者の認定
　特許を受ける権利を二以上の者が共有する場合、共有者全員で出願を行

わなければならない[24]。

　実務上、特許請求の範囲全体に対して貢献があることは発明者としては必要ないと認められている。一又は一部の請求項に対して実質的な貢献があれば、共同創作者及び共同出願人に該当する[25]。

第二項　職務発明

　専利法において、従業者が雇用関係存続中の状態で完成させた発明の特許を受ける権利の帰属は、「職務発明」及び「職務以外の発明」の二種に分けてそれぞれ規定されている。そのほか、契約自由の原則に基づき、使用者及び従業者は契約により特許を受ける権利の帰属を定めることができる。なお、台湾専利法における職務発明の規定は実用新案及び意匠においても準用されている。以下では発明を前提として説明を行うが、その内容は実用新案及び意匠にも適用される。

2.1　職務発明

2.1.1　職務発明の認定

　職務発明とは、従業者が雇用関係下の業務で完成した発明を指す。

　「従業者が雇用関係下の業務で完成した発明」について、過去の裁判所見解は「従業者の研究発明成果は使用者の資源又は経験を利用したものであるか否か」を判断基準としたものであった[26]。しかし2015年の最高行政裁判所判決においてこの従来の見解ではない新たな見解[27]が示され、現在もこの新見解に基づき認定がされている。この新見解では、「従業者が雇用関係の存続期間中に自らに与えられた業務内容を行った結果」が基準となっている。つまり、従来の見解に比べ職務発明の認定が厳格化されたと

---

[24]　専利法第 12 条
[25]　専利法第 12 条
[26]　知的財産裁判所 100（2011）年度民専上字第 51 号判決、知的財産裁判所 101（2012）年度民専上字第 40 号判決、知的財産裁判所 102（2013）年度民専訴字第 72 号判決

いえる。使用者の資源等を利用した発明であっても、従業者に与えられた業務内容の範囲外である場合は、職務発明に該当しないことになる。

つまり、当該発明が職務発明であるか否かは、契約により定められた従業者の職務内容及び開発成果が何であるかを調査したうえで、認定しなければならない。即ち、職務発明であるか否かの判断は、従業者の職務内容のみに関係があり、使用者が提供した設備、研究費等を使用して完成したものであるか否かは関係がない[28]。

2.1.2　特許を受ける権利の帰属

従業者が雇用関係における職務内容の範囲内で完成させた発明について、その特許を受ける権利及び特許権は、原則として使用者に帰属する。代わりに使用者は従業者に相当の報酬を支払わなければならない。なお、発明者は氏名表示権を享有する[29]。

2.2　非職務発明
2.2.1　特許を受ける権利の帰属

従業者が雇用関係における職務内容の範囲外で完成させた発明について、その特許を受ける権利及び特許権は従業者に帰属する[30]。

---

[27]　最高行政法院104（2015）年度判字第487号判決の見解「1.専利法における職務上完成した創作とは、従業者が雇用関係下の業務で完成したものを指す。当該要件を満たさず、雇用者の資源又は経験を利用したものにすぎないのであれば、職務上完成した創作ではない。2.乙の人員異動申請表によれば、甲は本件実用新案の出願日前に取締役室からカーテン工場へ異動したが、この2つの部門の通常業務及び原告の仕事の資料からは、ブラインド構造の開発又は改良が乙から甲へ与えた仕事であることは見出すことができない。…本件実用新案の創作は雇用関係存続中に完成されたものであるが、『職務発明とは従業者が雇用関係存続中に自らに任された仕事内容を行った結果である』という要件を満たすものではない。」

[28]　知的財産裁判所105年民専上字第37号民事判決
[29]　専利法第7条
[30]　専利法第8条第1項

2.2.2　従業者の書面通知義務

　従業者は、職務内容の範囲外の発明を完成させた場合、速やかに書面により使用者に通知しなければならない。必要がある場合、その創作過程も使用者に告知しなければならない。使用者は、書面通知の送達日から 6 ヶ月以内に従業者に対して反対意見を主張しない場合、当該特許を受ける権利及び特許権は従業者に帰属することが確定する[31]。

2.2.3　使用者の実施権

　従業者の発明が使用者の提供する設備又は経験などを利用して完成されたものである場合、使用者は、従業者に合理的な報酬の支払いをしたうえで、当該事業で当該発明を実施することができる[32]。

2.3　被招聘者の完成した発明

2.3.1　特許を受ける権利の帰属

　出資者が第三者に研究開発を依頼する場合（招聘関係、即ち下請等）、双方は雇用関係ではなく、双方の法律関係は請負契約又はその他の契約関係に属する。当然に、出資者及び被招聘者の間にある権利義務関係は雇用関係とは異なる。よって、被招聘者が完成した発明は職務発明には該当しない。私的自治の原則に基づき、前記の場合における開発成果に係る権利の帰属は、原則として当事者間の定めに従う。定めがない場合、開発成果に係る権利は当該創作を完成させた発明者に帰属する[33]。ただし、定めに関わらず、創作を完成させた発明者は氏名表示権を享有する。

　例として、政府、企業が「外注する」形式で外部の個人又は業者に委託する場合、政府・企業と委託された個人又は企業との間係は雇用関係ではない。よって、当該委託された者（被招聘者）の完成した発明は職務発明に該

---

[31]　専利法第 8 条第 2、3 項
[32]　専利法第 8 条第 1 項
[33]　専利法第 7 条第 3 項

当せず、開発成果に係る権利の帰属は双方合意の契約に従うことになる。

2.3.2　出資者に対する保償

　契約により定めがない、又は開発成果に係る権利は被招聘者に帰属すると定めた場合、出資者は特許を受ける権利及び特許権を取得することができない。しかし、開発成果に相当の資金を投入したものの、その成果を実施できないことは不公平であることは明らかである。よって、専利法第7条第3項において、出資者は発明者の許諾を得ずに当該発明を実施することができると規定されている。

　特許を受ける権利／特許権の帰属の内容をまとめると、表1のとおりとなる。

表1　特許を受ける権利／特許権の帰属

雇用関係にある状態で完成させた発明	職務発明	特許を受ける権利及び特許権は使用者に帰属する。ただし、使用者は従業者に相当の利益を支払わなければならない。
		契約により特許を受ける権利及び特許権に関して定めた場合、その契約に従う。
	非職務発明	特許を受ける権利及び特許権は従業者に帰属する。
		従業者には発明完成を通知する義務、及び必要がある場合その創作過程を告知する義務がある。
		当該非職務発明が使用者の提供した設備又は経験などを利用して完成したものである場合、使用者は、従業者に合理的な報酬の支払いをしたうえで、当該事業で当該発明を実施することができる。
招聘関係にある状態で完成させた発明		特許を受ける権利及び特許権の帰属は契約に基づく。
		契約がない場合、それらの権利は被招聘者に帰属する。ただし、出資者には当該発明の実施権がある。

2.4　冒認出願に対する救済措置

2.4.1　審査中の対策

　真の権利者は情報提供の手続に従い、関連情報を台湾特許庁に提供することができる。

2.4.2　査定、公告後の対策

【対策一】民事訴訟を提起し、裁判所により特許を受ける権利の帰属を定める

　当事者は民事訴訟を提起し、民事裁判所により特許を受ける権利の帰属が定められた後、真の権利者は専利法第10条の規定に基づき、申請書に確定判決書、調停調書又は仲裁判断などを添付し、台湾特許庁に対して権利者名義の変更を請求することができる。

【対策二】無効審判の請求

　専利法第34条第１項において「特許を受ける権利を有しない者の特許出願に対してされた特許に対して、特許を受ける権利を有する者が当該特許の公告日から２年以内に特許無効審判を請求し、特許を無効にすべき旨が確定した日から60日以内に同一発明について特許出願をする場合、特許を受ける権利を有しない者の特許出願の出願日を、特許を受ける権利を有する者の特許出願の出願日とする。」と規定されている。従って、無効審判を請求することによって当該特許を無効にさせ、専利法第35条に基づき同一発明について特許出願をし、特許を無効にすべき旨が確定した特許の出願日を真の権利者の特許出願の出願日とすることができる。

　しかし実務上、台湾特許庁は私権争いに該当する特許を受ける権利の帰属に対して軽率に無効の判断を下さない。無効審判請求者が提出した資料及び証拠では、対象特許に係る発明とは同一発明であることや、冒認者が対象特許に係る特許を受ける権利を有しないことを証明するには足りない場合、無効審判請求が棄却される可能性が高い。裁判所においても、特許を受ける権利の帰属に関する認定は民事私権紛争事項に該当するものであり、行政訴訟によって私権の帰属を確定してはならないと判断されている。つまり、台湾特許庁等の行政審査庁ではく、民事訴訟により帰属の認定がされた後、真の権利者は判決書を申請書に添付し、特許証の交付を申請することができると認められている。

【対策三】不当利得に係る規定に基づき、民事訴訟を提起し、冒認者に対
　　　　して当該特許権の返還を求める[34]。

第三項　優先権

3.1　国際優先権

3.1.1　概要

　第一国において最初に特許出願した者が、その特許出願の出願書類に記
載された内容について他の国に特許出願しようとするときには、主に（1）
パリ条約に基づく出願、（2）PCT 出願の2種類がある。しかし、台湾は
PCT 加盟国ではないため、台湾に特許出願をしようとする場合、パリ条
約に基づく出願しかできない。よって、台湾において特許出願を行う予定
がある場合、早期の段階で対応策を検討する必要がある。

　出願人は、台湾と優先権を相互承認する国家（互恵関係にある国、以下
「互恵国」という）又は世界貿易機関（WTO）の加盟国において最初に特
許出願し、その外国出願に係る発明を基礎とし、外国出願の出願日から12
ヶ月以内に台湾において同一の発明について優先権を主張し特許出願する
場合、当該外国特許出願の出願日を優先日とすることができる。その優先
日は、当該台湾出願が新規性、拡大先願、進歩性及び先願主義などの特許
要件を満たすか否かを判断する基準日となる[35]。

3.1.2　形式要件

1．出願人が WTO 加盟国・互恵国の国民又は準国民であること

　準国民とは、WTO 加盟国・互恵国において住所、営業所を有する者を
いう。

2．優先権の主張の基礎とされた出願（以下「第一国出願」という）が合

---

[34]　知的財産裁判所民事判決 100（2011）年民専上字第 17 号判決
[35]　専利法第 28 条

法的な出願かつ最初の出願であること

　合法的な出願として、例えば、WTO 加盟国・互恵国などの国家にお
いてした出願、PCT 出願又は EPC 出願がある。米国又はオーストラリ
アの仮出願は、正規の特許出願ではないが、後の出願の優先権を主張す
る基礎出願とすることができる[36]。

３．優先権声明

　優先権を主張しようとする者は、特許出願をする際に以下の事項を声明
しなければならない[37]。

一．最初の出願の出願日。

二．当該出願を受理した国家又は世界貿易機関加盟国の国名。

三．最初の出願の出願番号。

　出願人は、最先の優先日から16ヶ月以内に台湾特許庁に優先権の証明書
面を提出しなければならない。

４．国際優先権を主張できる期間（優先期間）

　優先期間とは第一国出願の出願日（以下「優先日」という）の翌日から
台湾における出願の出願日までの期間を指す。優先期間は、特許出願又は
実用新案登録出願の場合は12ヶ月であり、意匠登録出願の場合は６ヶ月で
ある。二以上の出願に基づく優先権の主張を伴っている場合、優先期間は
最先の優先日の翌日から起算する。

3.1.3　国際優先権の態様

１．一般優先権

　台湾出願の全ての請求項に係る発明が第一国出願に記載されている場合。

２．複合優先権

---

[36]　専利審査基準第 1-7-2 頁
[37]　専利法第 29 条

　台湾出願に係る発明が複数の第一国出願に記載されている発明を複合したものである場合。以下の例においては、複数の第一国出願が同一国の出願であるが、異なる国の出願であっても可能である。

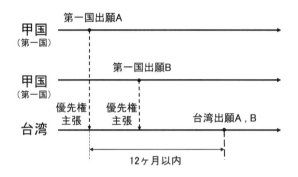

３．部分優先権

　台湾出願において第一国出願に含まれている一部について優先権を主張する場合。例えば、第一国の出願には請求項 A 及び B が含まれているが、台湾出願には請求項 A のみが含まれている。

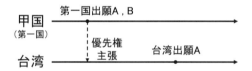

3.1.4　実体要件

　「同一発明」とは記載された内容が実質上完全同一である発明、又は文字の記載形式又は直接的一義的に知ることができる技術特徴のみに差異が存在する発明をいう。また、「最初の出願」について WTO 加盟国・互恵国でない国家において最初に出願した後、その出願について上記国家において出願した場合、その出願を基礎とした優先権主張は認められない。

3.1.5　優先権主張の効果

　優先権の主張を伴う台湾出願についての特許要件を満たすか否かの審査に当たっては、基準日を出願日から優先日に繰り上げることができる[38]。出願日に関する特許要件として、新規性、進歩性、先願主義、拡大先願等がある。

3.1.6　国際優先権の回復

　出願人は、故意でない事由により、出願と同時に優先権を主張しなかったか、出願するときに最初の出願の出願日若しくは当該出願を受理した国家又は WTO 加盟国の国名を声明しなかったため主張しなかったと見なされた場合、最先の優先日から16ヶ月以内に（意匠登録出願の場合、最先の優先日から10ヶ月以内に）優先権主張の回復を申請することができる[39]。回復の申請の際には以下の事項を行う必要がある。

一．優先権主張の回復の申請料の納付。

二．第一国出願の出願日、当該出願を受理した国家又は WTO 加盟国の国名、出願番号、の声明。

三．優先権証明書面の提出。

3.2　国内優先権

　出願人は、台湾において既に出願した自己の特許出願又は実用新案登録出願（以下「先の出願」という）に基づいて再び出願する時、先の出願の出願当初の明細書、特許請求の範囲又は図面に記載した発明又は実用新案に基づいて優先権を主張することができる[40]。

　国内優先権は、主に複数の先の出願を一の出願に合併しようとするとき、又は先の出願の明細書内容の補足や改良をしようとするときに用いられている。

---

[38]　専利法第 28 条第 4 項
[39]　専利法第 29 条第 4 項
[40]　専利法第 30 条第 1 項

国内優先権は、特許出願及び実用新案登録出願にのみ適用される。意匠登録出願には適用されない。

3.2.1　国内優先権を主張できる期間

国内優先権を主張できる期間は12ヶ月である[41]。

3.2.2　国内優先権を主張する時の声明事項

国内優先権を主張しようとする者は、出願と同時に先の出願の出願日及び出願番号を声明しなければならない[42]。

3.2.3　先の出願の取下げ

国内優先権の主張の基礎とされた先の出願は、重複公開、重複審査を避けるために、先の出願の出願日から15ヶ月を経過した時に、取下げられたものと見なされる[43]。取下げられたものと見なされるとは、先の出願がその出願日から15ヶ月を経過した時に存在しないことをいう。

また、後の出願が先の出願の出願日から15ヶ月以内に取下げられた場合、国内優先権の主張も同時に取下げられたと見なされ、先の出願の審査は続行される[44]。

3.2.4　国内優先権を主張できない状況

以下の各号に掲げるものに該当する出願は、国内優先権を主張することができない[45]。

一．先の出願の出願日から12ヶ月を経過したもの。

二．先の出願が既に優先権を主張しているもの。（優先権主張の累積禁止）

---

[41]　専利法第 30 条第 1 項
[42]　専利法第 30 条第 7 項
[43]　専利法第 30 条第 2 項
[44]　専利法第 30 条第 4 項
[45]　専利法第 30 条第 1 項

三．先の出願が分割出願又は変更出願であるもの。（複雑化を避けるため）

四．先の出願が特許出願であって既に公告又は拒絶査定が確定したもの。

五．先の出願が実用新案登録出願であって既に公告又は拒絶査定が確定したもの。

六．先の出願が既に取下げられた又は却下されたもの。

第四項　微生物の寄託

　微生物関連発明の特許出願においては、当該微生物の寄託をしなければならない。但し、その発明の属する技術の分野における通常の知識を有する者（当業者）が当該微生物を容易に入手することができる場合は、寄託をする必要はない[46]。

4.1　寄託の法定期限及び証明書面

　寄託の法定期限及び証明書面の提出に関する規定は以下のとおりである。規定を満たさない場合、その出願に対する寄託はされなかったものとみなされる。

寄託の法定期限及び証明書面

	台湾寄託機関（BCRC）への寄託	台湾特許庁への寄託証明書面の提出
台湾が認可する国外寄託機関に寄託していない場合	遅くとも台湾出願日当日までにBCRCへ寄託の受理を完成させる。	出願日から4ヶ月以内に、BCRCが発行した受託証の写しを提出する。
台湾が認可する国外寄託機関に寄託している場合	出願日から4ヶ月以内（又は優先日から16ヶ月以内）に、BCRCへ寄託の受理を完成させる。	出願日から4ヶ月以内（又は優先日から16ヶ月以内）に、BCRCが発行した受託証の写しを提出する。
寄託の効力を相互承認する国外寄託機関に寄託している場合	BCRCへの再寄託は不要	出願日から4ヶ月以内（又は優先日から16ヶ月以内）に、該国外寄託機関の受託証の写しを提出する。

---

[46] 専利法第27条

4.2　寄託機関

　台湾国内の微生物寄託機関は台湾食品工業発展研究所（FIRDI）の生物資源保存及び研究センター（BCRC）である。

　そして、国外の微生物寄託機関はブダペスト条約に基づく国際寄託機関（International Depository Authorities, IDAs）である。

　台湾と相互承認協定締結済みの国は日本及びイギリスである。台湾は、2015年6月18日から台日微生物寄託相互承認を協定し、2017年12月1日から台英微生物寄託相互承認を協定した。これらの協力協定のもと、台湾において特許出願を行った出願人は、日本及びイギリスに寄託するとともに、台湾特許庁に寄託証明書類を提出すれば、当該寄託事実が承認され、台湾へ改めて寄託する必要はない。日本国内の寄託機関（日本の特許庁が指定した機関）に寄託した場合は、上記期限内に「独立行政法人製品評価技術基盤機構・NITE 特許生物寄託センター（NITE-IPOD）」又は「独立行政法人製品評価技術基盤機構・特許微生物寄託センター（NPMD）」が発行した受託証を提出しなければならない。

4.3　寄託情報の開示

　台湾寄託機関への寄託を行い受領はされたが受託証がまだ発行されていない状態で台湾へ出願する場合は、受領書に示された寄託機関名、受領日及び受領番号を明細書に記載しなければならず、後に発行された受託証に示された受託番号を明細書に補正で記載しなければならない。一方、出願前に既に上記台湾認可国外寄託機関において寄託している場合は、当該国の証明文書における寄託機関名、寄託日、受託番号を明細書に記載しなければならない。

4.4　寄託不要な場合

　専利法第27条第1項の但し書きでは「当業者が容易に入手できる」ため寄託を要しない微生物に関して規定しており、寄託不要な微生物として、出願日前に既に以下のいずれかを満たしているものが含まれる。

一．商業において公衆が購入できる微生物。

二．出願前に既に公信力を有する寄託機関に寄託しており、自由に分譲することができる微生物。

三．当業者であれば明細書の記載内容に基づき、過剰な実験を行うことなく製造し得る微生物。

第五項　各種事項の変更

5.1　各種事項の変更が適用される場合

　特許出願又は登録後の特許のいずれについても各種事項の変更を行うことができる。

　変更可能な事項[47]は以下の通りである。

　1）出願人又は特許権者の氏名、名称又は住所、居所

　　　例：同一の会社が「A 社」より「AA 社」へと名称を変更する場合

　2）出願人／特許権者のサイン及び印

　3）出願人又は特許権者の国籍（自然人に限る）

　4）発明者の氏名／国籍

　5）法人、会社、機関、学校の代表者

　6）代理人／代理受取人

　必要な書面及び費用は以下の通りである。

項目		備考
政府費用	300台湾ドル	対象となる特許出願／特許権の件数で計算。
必要書類	申請書	
	委任状	
	証明書類	履歴事項証明書、名称変更を証明する告示など

---

[47]　専利審査基準第 1-3-4 ～ 1-3-5 頁

5.2　各種事項の変更が適用されない場合

１）出願人の追加

「特許を受ける権利の一部移転登録」にて行う。

２）出願人／特許権者の変更

「特許を受ける権利／特許権の移転登録」にて行う。

３）主体資格の変更（例：Ａ合同会社よりＡ株式会社へと変更）

「特許を受ける権利／特許権の移転登録」にて行う。

４）発明の名称、明細書等の変更

「補正」又は「訂正」にて行う[48]。

第六項　代理人

6.1　代理人の必要性

特許出願等の特許に関する手続きは、自ら行っても代理人に委任しても良い。但し、台湾国内に住所又は営業所を有しない者[49]は特許に関する手続きを代理人に委任しなければならない。また、台湾国内に住所又は営業所を有する者と台湾国内に住所又は営業所を有しない者とが共同で出願する場合、当該台湾国内に住所又は営業所を有しない者は、特許に関する手続きを代理人に委任しなければならない[50]。

しかし、外国企業が台湾に代表者を定め事務所を設けている場合や、外国企業の台湾子会社が親会社の名義で特許出願等の手続きを行う場合には、当該台湾事務所又は台湾子会社の住所を出願人の住所とすれば、代理人に委任せずに行うことができる。

6.2　代理人の資格

代理人の資格を有する者は、専利師（Patent Attorney）[51]、弁護士

---

[48]　専利審査基準第 1-6-1 頁
[49]　専利法第 11 条第 1 項
[50]　専利審査基準第 1-4-1 頁

（Attorney-at Law）及び専利師法施行前に専利代理人（Patent Agent）証書を所持する者に限られている[52]。なお、1つの専利出願における代理人は3人を超えてはならない[53]。

　2003年3月19日に公布された「専利代理人管理規則」（2008年廃止）によれば、裁判官、検察官、弁護士、会計士、技師の資格を有する者、三年以上の経験を有する審査官はいずれも試験を受けることなく直接に専利代理人の資格を取得することができた。これに対し、台湾専利師法が2008年1月11日から施行され、専利師という資格が正式に誕生し、国家試験に合格しなければ専利師となることはできない。したがって、専利師は原則的に専利代理人に比べ知財に関して高い専門性を有する人間であり、現在では専利に関する代理人を選定する際は、専利師に依頼するのが好ましく、かつ一般的である。

6.3　委任状

　出願人が特許に関する手続きを代理人に委任する場合、委任状を提出しなければならない[54]。

　委任状における代理権の範囲は本人が自由に定めることができる。単一の特定事項の代理、即ち特定の行為のみ委任するものであっても良く、包括代理、即ち一切の代理行為を包括的に委任するものであっても良い。包括代理にて委任した場合、代理人は委任された特許出願について全ての手続きを行うことができるが、代理人の選任又は解任、特許出願の取下げ、分割出願の取下げ、変更出願の取下げ、再審査請求の取下げ、訂正請求の取下げ、無効審判請求又は特許権放棄については、特別の授権を得なけれ

---

[51]　台湾専利師法は2008年1月11日より施行され、第一回弁理士国家試験も同年に開催された。台湾の専利師は日本の弁理士に相当するが、専利師試験の科目には商標は含まれていない。
[52]　専利法第11条第3項
[53]　専利法施行細則第9条
[54]　前注と同様

ば、行うことができない。

第四節　出願公開及び補償金請求権

第一項　公開前の審査及び出願公開制度

出願公開

　出願公開制度は、企業活動の不安定及び重複開発による浪費を避けるために、特許出願がされた後、方式審査が完了し公開してはならない事情がなければ、一定の期間を経た後、その特許出願について出願を公開する制度である。

一、出願公開の時期

　出願日から18ヶ月後に公開される。優先権の主張を伴う特許出願である場合、優先日の翌日を起算日とする[55]。

二、公開されない特許出願

１）出願日から15ヶ月以内に取り下げたもの。

２）国防機密又はその他の国家安全の機密に係るもの。

３）公の秩序又は善良の風俗を害するおそれがあるもの[56]。

三、出願公開の請求

　特許出願人は書面にてその特許出願について出願公開の請求をすることができる。明細書等の書類が揃い、公開してはならない事情がなければ、当該出願の公開作業が進められ公開される。

---

[55]　専利法第 37 条。
[56]　専利法第 37 条第 3 項。

第二項　補償金請求権

出願公開された後、出願に係る発明は公知技術となり、その内容が盗用される恐れがある。ただし、出願公開から特許権の設定登録までの期間において、特許権は発生しない。特許出願人は、上記期間内に業としてその発明を実施した者に対し、その発明が特許発明である場合にその実施に対し受けるべき金銭の額に相当する額の補償金の支払を請求することができる。これは「出願公開」に対して規定された一時的保護措置である（即ち、補償金請求権制度）。

2.1　補償金請求要件

出願公開後、被請求人に対し出願人が書面で通知を行い（又は被請求人がそれが特許出願に係る発明であることを明らかに知りながら実施）、通知後特許権の設定の登録前に被請求人が業として出願に係る発明を実施し続けたこと[57]。

2.2　補償金請求権の消滅

公告日から2年間行使しないと、補償金請求権は消滅する[58]。

---

[57]　専利法第41条。
[58]　前注と同様。

第二章　審査

第一節　特許要件

第一項　発明該当性

1.1　専利法上の「発明」とは

　専利法第21条に発明の定義が規定されており、「発明」とは自然法則を利用した技術的思想の創作とされ、日本の規定と類似する。特許出願に係る発明の技術性の有無が「発明」に該当するか否かの判断基準となり、技術性を有しないもの、例えば、単なる発見、科学原理、情報の単なる提示、または単なる美的創造物などは、いずれも「発明」に該当しない。

1.2　「発明」に該当しないものの類型

一．自然法則自体

例：エネルギー保存の法則、万有引力の法則などの自然法則自体。

二．単なる発見であって創作でないもの

例：ハロゲン化銀に光や放射線を当て、銀とハロゲンに分かれる光分解反応[1]。

三．自然法則に反するもの

例：永久機関[2]。

四．自然法則を利用していないもの

---

[1]　専利審査基準第 2-2-4 頁
[2]　専利審査基準第 2-2-3 頁

例：数学上の公式、人為的な取決め（例：ゲームのルールそれ自体）、推理力、記憶力による人間の精神活動[3]。

五．技術的思想でないもの

　個人の才能及び熟練によって到達し得る技能（例：フォークボールの投げ方）、情報の単なる提示（例：情報の提示それ自体）、単なる美的創造物（例：絵画、彫刻等）。

1.3　特許の保護対象でないもの

1.3.1　動植物及び動植物を生産する主要な生物学方法[4]

　「動植物」とは動物及び植物を指し、遺伝子組換え動物及び植物も含まれる。動植物を生産する方法について、専利法では、主要な生物学方法を保護対象として出願したもののみが除外されている。非生物学及び微生物学の生産方法は保護対象から除外されてない[5]。

1.3.2　人間や動物を診断、治療又は手術する方法の発明

　倫理道徳に基づき、人間や動物を診断、治療又は手術する方法の発明は、「特許の保護対象でないもの」に該当する。ただし、人間や動物を診断、治療又は手術するための医療機器、医薬（純物質又は組成物を含む）等の物の発明は、「特許の保護対象でないもの」に該当しない[6]。

　特許の保護対象でない「人間や動物を治療する方法の発明」は、治療対象が必ず生きている人間や動物であり、治療又は病気予防を直接の目的とした方法に限られている[7]。

　用途クレームの場合、人間や動物を診断、治療又は手術する方法を記載

---

[3]　専利審査基準第 2-2-3 頁
[4]　専利法第 24 条第 1 項第 1 号
[5]　専利審査基準第 2-2-8 頁
[6]　専利審査基準第 2-2-9 頁
[7]　専利審査基準第 2-2-10 頁

してはならない。医療用途において「疾病の治療に用いる」「疾病の診断に用いる」等により限定されるものは、「特許の保護対象でないもの」に該当する。しかし、医薬組成物及びその製造方法は専利法により「特許の保護対象」に該当するため、例えば「疾病Xの治療薬の製造における化合物Aの使用」又は「疾病Xの治療薬の製造に用いる化合物Aの使用」(「スイス・タイプ・クレーム」という) という記載であれば、人間や動物を診断、治療又は手術する方法ではなく、医薬品を製造する方法と解釈され、特許を受けることが可能である。

1.3.3　公の秩序又は善良の風俗を害するおそれがあるもの

　発明の商業利用が公の秩序又は善良の風俗を害するおそれがあるものは、「特許の保護対象でないもの」に該当する。例えば、郵便爆弾及びその製作方法、麻薬の使用道具及び使用方法、農薬自殺の方法、クローン人間及びその作成方法 (胚の細胞分裂技術を含む)、人間の生殖システムの遺伝特性を変更する方法などが挙げられる。

第二項　産業上の利用可能性
2.1　産業上の利用可能性の概念

　産業上利用することができる発明は本法に基づき特許出願をすることができる。即ち、日本と同じように産業上利用することができること (産業利用性と呼ぶ) は特許要件の1つとして規定されている (専利法第22条第1項)。出願に係る発明が産業上製造又は使用することができる場合、当該発明は産業上利用することができ産業利用性を有すると認定される。ここで、製造又は使用することができるとは、課題を解決する技術手段が産業上製造又は使用することができる可能性を有していることを指し、当該技術手段が実際に製造又は使用されたことは要しない。

2.2　実施可能要件との相違点

　前述のとおり、産業利用性とは出願に係る発明が産業上製造又は使用す

ることができることであり、実施可能要件とは、明細書は当業者が過度の
実験を要さずともその発明を理解し、製造及び使用ができるように記載し
たものでなければならないことを指す。両者の相違点に関し、2つの例を
挙げる。

　「紫外線を吸収するプラスチックフィルムで地球表面全体を覆う方法」
という発明は、製造又は使用することができない明らかであり、産業利用
性を有さず、実施可能要件も満たさない。一方、「99％の紫外線を遮断す
るサングラス」という発明は実際に製造又は使用される可能性があるた
め、産業利用性を有する。しかし、明細書において発明がどのように製造
又は使用されるかについて記載がされていない場合、実施可能要件を満た
さないことになる[8]。

第三項　新規性

3.1　概説

　台湾の新規性は「絶対的新規性」を採用する。特許請求の範囲に記載さ
れた発明が「先行技術」の一部分を構成していない場合、当該発明は新規
性を有すると称する。「先行技術」は出願日より前に公衆が知ることがで
きる情報すべてを含み、世界のどの場所又はどの言語で公開されたか、及
び公開方式を問わず、これらはいずれも先行技術となる。

3.2　新規性の内容

　新規性は、専利法第22条第1項において「産業上利用することができる
発明について、次の各号のいずれかに該当しないものは、本法により特許
を受けることができる。一、出願前に刊行物に記載されたもの。二、出願
前に公然実施をされたもの。三、出願前に公然知られたもの。」と規定さ
れている。以下に上記各号について詳しく説明する。

---

[8]　専利審査基準第二編第三章。

一．出願前に刊行物に記載されたもの

「刊行物」とは、文字、図面若しくはその他の方法で公衆に公開された文書又は情報、技術若しくは技能内容が記載されたその他媒体を指し、世界のどの場所、どの文字で公開されたかを問わず、公開形式も紙の文書に限らない。

「刊行物に記載された」とは、刊行物が、公衆が閲覧できるように技術内容が開示され、当該技術が公衆に知られ得る状態に置かれたことを指し、公衆が実際にその内容を閲覧又は知ったという事実は要しない。

「内部文書」又は「機密文書」等、これらに類似する文字が印刷された文書は、それが外部にすでに公開されたことを示す明確な証拠が存在する場合を除き、公衆に知られ得ると認定してはならない[9]。

インターネットに掲載された情報が公衆に知られ得ることができるものであるか否かの認定について、公衆がウェブページ及びその場所を知り当該情報を取得できるか否かを判断基準とし、当該ウェブページの閲覧に料金又はパスワードが必要か否かは問わない。公衆からのアクセス制限がなされず、公衆は申請手続きをすれば当該ウェブページにアクセスできる場合、公衆に知られ得るものと認める。なお、ウェブページの信用性は考慮されない[10]。

二．出願前に公然実施をされたもの

物の発明の場合は構造、部品又は成分等を、方法の発明の場合は条件又はステップ等の技術特徴を当該発明の属する技術分野における通常の知識を有する者が知ることができない場合、公然実施に該当しない。例えば、技術特徴が内部の物品にある場合、たとえ公衆の前で実施されたとしても、外観しか観察できないため、公然実施には該当しない[11]。

---

[9]　専利審査基準 2-3-3 頁。
[10]　専利審査基準 2-3-4 ～ 2-3-5 頁。
[11]　専利審査基準 2-3-6 頁。

三．出願前に公然知られたもの

「公然知られた」とは、口頭又は展覧などの方法で技術内容が開示され、当該技術が公衆に知られ得る状態にあることを指す。公衆が当該技術内容を実際に聞いたり、閲覧したり又は確かに理解したという事実は要しない。

3.3　引用文献が必要とする記載の程度

　引用文献の記載内容として、形式上明確に記載されている内容及び形式上は記載されていないが実質的に暗示されている内容がある。引用文献の内容は、当業者が特許出願の請求項に係る発明を製造及び使用できるに足る程度に記載されたものでなければならない。例えば、請求項に係る発明の化合物について、引用文献において当該化合物の存在又はその名称若しくは化学式のみが記載され、当該化合物をどのように製造及び使用するかについての説明がされておらず、当業者が当該文献の内容又は文献公開時に得られる通常知識では当該化合物をどのように製造又は分離するか理解できない場合、当該文献に基づき当該化合物が新規性を有しないと認めてはならない[12]。

3.4　新規性の判断基準

　特許出願に係る発明と引用文献で開示された先行技術が以下の(1)〜(3)のいずれかの事情に該当するときは、新規性を有しない[13]。

(1)　完全に同一。

(2)　文字の記載形式又は直接的一義的に知ることができる発明特定事項のみに差異が存在する。

(3)　対応する発明特定事項の上位、下位概念のみに差異が存在する。

---

[12]　前注と同様。

[13]　専利審査基準 2-3-8 頁。

第四項　進歩性

4.1　概要

　請求項に係る発明と先行技術とは差異があるが、その差異は当業者が先行技術に基づき容易に完成できるものであるとき、当該発明は進歩性を有しない。[14]

　台湾特許庁は進歩性に関する審査基準を2017年7月1日に改訂した。改訂の主な内容は、進歩性を有しない認定に関する判断の論理を追加した点である。即ち「進歩性が否定される方向に働く要素」及び「進歩性が肯定される方向に働く要素」を総合的に考慮することによって、進歩性を有しないか否かの結論を構築することになった。現在、進歩性に関する審査基準の規定においては、台湾と日本との差異はほとんどないと言っていい。以下に、台湾における進歩性の判断方法を説明するとともに、日本における審査基準との相違点を検討する。

4.2　進歩性を判断する手順

　請求項に係る発明が進歩性を有するか否かについて、以下の手順で判断する[15]。

• 手順1、特許請求の範囲に記載された発明を確定する

　請求項を基準とする。特許請求の範囲に記載された発明を確定するために、請求項を解釈する際は明細書及び図面を参考にすることができる。

• 手順2、関連先行技術で開示された内容を確定する

　当業者の出願時の通常知識に基づき、関連先行技術で開示された全体的な内容を理解する。

---

[14]　専利法第22条第2項。
[15]　専利審査基準第2-3-16～18頁。

● 手順3、当業者の技術水準を確定する

「発明の属する技術分野の通常知識を有する者（当業者）」(person having ordinary skill in the art、即ち PHOSITA）とは、請求項に係る発明の属する技術分野の出願日（優先権を主張する場合、優先日）における通常知識を有している者として、想定された者をいう。「通常知識」は、「一般知識（general knowledge）」及び「普通技能（ordinary skill）」を合わせて略称するものである[16]。その詳しい定義は下表のとおりである。

発明の属する技術分野の通常知識	一般知識	周知又はよく用いられている情報 教科書又は参考書に記載された情報 経験則から明らかな事項
	普通技能	日常業務、実験を行う能力

当業者の技術水準を確定する時、以下の要素を考慮する[17]。
(1) 当該技術（art）が直面する課題の類型、
(2) 先行技術におけるそれらの課題を解決する技術手段、
(3) 発明の属する技術分野の革新スピード、
(4) 当該科学技術（technology）の複雑さ、
(5) 当該分野（field）における実務従事者の教育水準。

当事者間で「当業者」及びその技術水準の定義について争議があった場合、最高行政裁判所はかつて「裁判所は当該技術に詳しい者の対象特許出願日前の技術水準を判決において明記しなければならない。さもなければ、判決理由不備で違法となる」という旨の判決を下したことがある[18]。しかし、現在の実務においてこの問題について以下の内容に合意している。即ち「当業者」の知識及び技術水準は、原則として引用文献に係る発明特定事項の具体的な対比及び分析において実質的に暗示されていることから、改めて明確に定義する必要はないこと、当事者が「当業者」及びそ

---

[16] 専利審査基準第 2-3-14 ～ 15 頁。
[17] 専利審査基準第 2-3-17 頁。
[18] 最高行政裁判所 105（2016）年度判字第 503 号行政判決。

70

の技術水準について合意に達したとしても、裁判所を当然に拘束するわけではない[19]。

• 手順４、請求項に係る発明と関連先行技術で開示された内容との間の相違点を確認する

　本手順は欧州又は日本の審査基準を参考にしたものであって、関連先行技術の中から請求項に係る発明に最も近い又は最も相応しいものを「主引用文献」として選定し、請求項に係る発明との比較の基礎とする。[20]なお、「主引用文献」は日本の審査基準でいう「主引用発明」に該当する。

• 手順５、当業者が関連先行技術で開示された内容及び出願時の通常知識を参酌し、請求項に係る発明が容易に完成できるか否かを認定する

　2017年７月１日に改訂された審査基準においては、日本の審査基準を参考にし、旧判断手順５に進歩性が肯定／否定される方向に働く要素に関する規定を追加した。[21]その規定の内容はほぼ日本のものと同一であり、以下のとおりである[22]。

（１）「進歩性が否定される方向に働く要素」を有するか否かを判断する。

（２）「進歩性が否定される方向に働く要素」を有しない場合、進歩性を有しない論理付けができないため、当該発明は進歩性を有すると判断する。

（３）「進歩性が否定される方向に働く要素」を有する場合、「進歩性が肯定される方向に働く要素」を有するか否かを判断する。

（４）「進歩性が否定される方向に働く要素」及び「進歩性が肯定される方向に働く要素」を総合的に考慮した結果、進歩性を有しない論理付けができない場合、当該発明は進歩性を有すると判断する。一方、進歩性を有

---

[19]　知的財産裁判所 105（2016）年度行専更（一）字第 4 号行政判決。

[20]　専利審査基準第 2-3-16 頁。

[21]　専利審査基準第 2-3-17 ～ 18 頁。

[22]　専利審査基準第 2-3-18 頁。

しない論理付けができる場合、当該発明は進歩性を有しないと判断する。

表　論理付けのための主な要素

進歩性が否定される方向に働く要素	進歩性が肯定される方向に働く要素
複数の引用文献を組合わせる動機がある (1) 技術分野の関連性 (2) 解決しようとする課題の共通性 (3) 機能又は作用の共通性 (4) 示唆又は提案	阻害要因
	有利な効果
簡単な変更	補助的判断要素 (1) 予測できない効果を有する (2) 長期的に存在する課題を解決した (3) 技術偏見を克服した (4) 商業的成功を得た
単なる寄せ集め	

4.3　実務観察、対策及び事例紹介

　現行審査基準は、審査官が引用文献を組合わせる動機について論ずることなく任意に組み合わせることができると認定する後知恵等の問題が業界から批判の対象となっていたことを受けて、改訂がされたものである。現行審査基準下において、進歩性違反を理由として拒絶理由を通知する場合、審査官は技術分野の関連性、解決しようとする課題の共通性、機能又は作用の共通性、示唆又は提案等の観点から複数の引用文献を組み合わせる動機が存在する理由を詳細に説明しなければならない。拒絶理由通知を受けた際の意見書においても、請求項に係る発明と引用発明との間、複数の引用発明の間における技術分野の関連性、解決しようとする課題の共通性、機能又は作用の共通性、示唆又は提案等の相違に重点を置いて主張を行うことで、拒絶理由を克服できる可能性が高まることになる。

　実務上の事例及び見解を以下に紹介する。

4.3.1　引用文献を組み合わせる動機の判断

　引用文献を組み合わせる動機の判断に関して、(1)技術分野の関連性、(2)解決しようとする課題の共通性、(3) 機能又は作用の共通性、(4) 示唆又は提案について総合的に判断される。1つの要件が欠如しているからとい

って引用文献を組み合わせる動機を有しないと認定されるわけではない。

　2017年7月1日に改訂審査基準が施行されてから引用文献を組み合わせる動機についての判断がますます厳格化している傾向にある。

(1)　当業者が先行文献を組み合わせる動機について判断するに際し考慮すべきは、解決しようとする課題の関連性であり、出願に係る発明と先行文献に係る発明の解決しようとする課題が完全に一致していることは要しない。

　　事例紹介：「エチレン－酢酸ビニル共重合体ケン化物ペレット群及びその用途」事件判決[23]

　　本件特許請求項1の記載は「エチレン含有量が15〜60モル％、ケン化度90モル％以上、32メッシュ（目開き500μ）ふるいを通過する微紛の含有量が0.1重量％以下であることを特徴とするエチレン－酢酸ビニル共重合体ケン化物ペレット群。」である。そして、本件特許に係る発明が解決しようとする課題及び効果は明細書に次のように記載されている。「エチレン－酢酸ビニル共重合体ケン化物（以下、EVOH）を溶融成形して各種成形品に加工するにあたっては、その成形時にEVOHのゲルや焼けが発生して成形物（特にフィルムやシート等）のロングラン性や外観性が低下することがある。先行技術では課題を解決する方法が示されてはいるが、こうした方法では各種積層体に適用したときに押出機へのフィードの不安定性等によりEVOH層の界面での乱れに起因するゲル等が発生する恐れがある。本発明のEVOHペレット群は、特定の微紛を特定量以下に押さえているため、成形物に溶融成形したときにEVOH層界面での乱れに起因するゲルの発生がなく、良好な成形物が

23　知的財産裁判所105（2016）年度行専訴字第97号判決、最高行政裁判所107（2018）年度判字第391号行政判決。詳しくはWisdomニュース〜中国と台湾知財情報〜【Vol.54】を参照。

得られ、各種成形用途に非常に有用である。」

　証拠10において、係争専利請求項1に係るエチレン含有量及びケン化度の発明特定事項が開示されている。また、「100μmのふるいにかけ、該ふるいを通過した微粉は、証拠10のEVOHペレットが必要としないものである」ことが実施的に開示又は暗示されている。さらに、100μm以下の微紛を除去・評価する方法も明確に開示されている。よって係争専利請求項1に係る発明と証拠10で開示された発明の相違点は、「32メッシュ（目開き500μ）ふるいを通過する微紛の含有量が0.1重量％以下」とすることでEVOHペレットに含まれる微粉の量を制御する技術手段、のみとなる。

　証拠36において、微粉等のプラスチックペレットの劣化を除去することで製品品質が改良されること、500μmのメッシュにより500μm以下の粒子を除去することができること、が開示されている。

　知的財産裁判所及び最高行政裁判所は、「当業者が、証拠10による製法を用いて得たEVOHペレットにおいて品質不良又は微粉量が多すぎるという課題に直面した場合、「粒子サイズが500μm以下の粒子を除去すべき」という証拠36で開示された示唆を参酌し、比較的大きい500μmのメッシュを代わりに用いることでペレット中の粒子サイズが大きい微粉を除去する動機が当然に存在する。さらに、証拠10と証拠36はいずれもプラスチックペレット分野に属し、高度に関連する内容を開示しており、当業者が両者を結合することに特別な困難性や不合理性はない。」と認定している。

(2)「機能又は作用において共通性を有するか否か」について、判断の対象は「全体構造」であり、「共同構造」のみではない。

事例紹介：「扇風機及びその製造方法に関する発明」事件判決[24]

　本事件における対象特許は扇風機及びその製造方法に関する発明であり、主な発明特定事項は扇風機における回転軸と金属筐体との結合方法の改良である。また、無効審判請求の証拠は計５部ある。「主軸電動機」に関する証拠１を除き、その他の主な証拠２、３、５の技術分野はすべて扇風機と関連するものである。

　知的財産裁判所は、証拠１及び証拠２又は３の組み合わせは、合理的な組み合わせ動機要件を満たすと認定した。その主な理由は、証拠１、２はいずれも回転子及び固定子の構造を有し、主軸を回転させると同時に外部キャリアを回転させることができる。同様に、証拠１、３はいずれも電動機の原理を利用して外部キャリア又は羽根を回転させる。よって、「機能又は作用において証拠１、２又は証拠１、３は共通性を有する」。

　しかしながら、最高行政裁判所は以下の見解を示した。

　「複数の引用文献に係る機能及び作用は共通性を有するか否か」という要素の判断に関して、証拠間の「共同構造」（本事件の場合、モーター回転機構）の機能及び作用のみを検討してはならず、「全体構造」の機能及び作用を考慮しなければならない。本事件において、証拠１は「HDD 装置、光ディスク装置、光磁気ディスク装置又は磁気ディスク等の装置に取り付ける主軸電動機」であるが、証拠２、３は「扇風機」である。よって、証拠１と証拠２、３は異なる電子部品である。単に証拠１及び証拠２、３がいずれもモーター回転機構を有するからといって、その全体構造のデザイン及び製造方法における相違を無視してはならない。加えて、電子部品によって所望の効果が異なる可能性もある。

(3)　出願時の通常知識として、周知又はよく用いられている情報及び教科書又は参考書に記載された情報のほかに、特許文献を通常知識としては

---

[24]　最高行政裁判所 107（2018）年度判字第 647 号行政判決。

いけないことは排除されていない。当該発明の属する技術分野において
周知される知識である限り、通常知識とすることができる[25]。

　台湾の従来の判例や審査実務において、先行文献で開示されていない技
術特徴について台湾特許庁や裁判所は「通常知識」であると短絡的に認定
することがよくある。こうした認定は業界からも批判の声が上がってい
る。

　事例紹介：「スタック型チップパッケージ構造」事件判決[26]

　専利法第22条第4項「それが属する技術分野の通常知識を有する者が
出願前の従来技術に基づいて容易に完成できる場合、依然として発明特
許を受けることができない」における「通常知識」とは、発明の属する
技術の分野において既知の一般知識を指し、従来の情報又は普遍的に使
用される情報及び教科書若しくは辞典等に記載された情報、又は経験法
則から理解される事項を含む。一方、発明の属する技術の分野における
特殊知識は、発明の属する技術の分野の通常知識を有する者が普遍的に
有している知識ではなく、発明が進歩性を有するか否かの判断基準に援
用してはならない。「通常知識」が発明の属する技術の分野に存在する
か否かは、具体的な証拠により証明できる客観事実であり、発明の属す
る技術の分野の当業者が何の依拠もなく主観的に判断できるものでは
ない。一般知識情報が記載された教科書、辞典等を提出し通常知識の存
在を証明する、又は具体的証拠を提出し特定経験法則の存在を証明しな
ければならない。当事者において特定通常知識が存在するか否かという
事実について争いがある場合、特定通常知識の存在を主張する者がその

---

[25]　知的財産裁判所 106（2017）年度行専訴字第 63 号判決。詳しくは Wisdom ニュ
　　ース〜中国と台湾知財情報〜【Vol.54】を参照。
[26]　知的財産裁判所 100（2011）年度行専訴字第 71 号判決。詳しくは Wisdom ニュ
　　ース〜中国と台湾知財情報〜【Vol.15】を参照。

立証責任を負う。特定通常知識の存在を主張する者が発明の属する分野の技術者であるということのみを理由として、特定通常知識が存在するか否かを主観的恣意的に判断してはならない。

　係争特許請求項1が限定する「対応するワイヤボンディングリードの一部分が各Bステージ導電バンプにより覆われる」という技術特徴は、発明「パッケージ時に部品が傷つく課題を解決する」という目的を達成するための主要な技術特徴であり、引用証拠1又は引用証拠2で開示されていない。台湾特許庁は、該技術特徴は発明の属する分野における通常の知識を有する者が容易に完成できると単に見解を示すにとどまり、該技術特徴は発明の属する分野における通常知識であるということを証明する具体的証拠も提出せずに、係争特許請求項1は進歩性を有しないと認定した。これは、客観的事実の証明に代えて主観的恣意的な判断に基づくものであり、明らかに採用するに足りない。

事例紹介：「日射遮蔽用合わせ構造体」事件判決[27]

　原告は証拠1、証拠3はいずれも日照遮蔽に関する先行技術であると主張するが、証拠1明細書では5件の先行技術文献が開示されていることに照らせば、原告はこれら文献の中から自らの主張（材料に含まれる伝導電子が多いほど日照遮蔽の機能も向上することは通常知識である）を立証するできる具体的証拠を探せるはずである。しかし実際にはそれができていない、つまり原告の主張は採るに足らない。

4.3.2　阻害要因の判断
関連先行技術において、対象特許に係る発明を排除する示唆がされてお

---

[27]　知的財産裁判所105（2016）年度行専訴字第26号行政判決。詳しくはWisdomニュース～中国と台湾知財情報～【Vol.47】を参照。

り、阻害要因が存在する場合、進歩性が肯定される方向に働く要素を有すると判断できる。

　「阻害要因」の定義及び適用に関して、台湾知的財産裁判所の判決及び米国判例の見解を参考にし、「阻害要因」の適用は「請求項に係る発明を排除する示唆又は提案に関する内容が関連引用文献において明確に記載されているか実質的に暗示されている」場合に制限されている。

　例えば、請求項に係る発明は鉄とアルカリ金属とを含有する触媒であり、引用文献Aにおいて鉄を触媒に加えることは開示されているが、アンチモンを触媒に加えることは明確に排除されている。一方、引用文献Bにおいてアンチモンとアルカリ金属はいずれも触媒の成分とすることができ、両者は同一の有利な効果を奏し代替性があるという内容が開示されている。この場合、当業者は両文献の示唆に基づいて鉄とアルカリ金属とを触媒とする結論を得ることができない。即ち、両文献において開示された請求項に係る発明の関連発明特定事項は組合わせることができないものである。従って、文献Bを文献Aに適用することには阻害要因がある。

　別の例として、請求項に係る発明がエポキシ樹脂プリント基板材料であり、先行技術においてポリアミド樹脂プリント基板材料に加え、エポキシ樹脂材料は容認できる安定性及びある程度の可撓性を有するが、ポリアミド樹脂材料に比べ劣ることが開示されている。先行技術の実質内容ではエポキシ樹脂をプリント基板材料としてはならないということは記載されていないため、当該先行文献には阻害要因は存在しない、とされる[28]。

　事例紹介：「合金及びその用途」事件判決[29]

---

[28]　専利審査基準第 2-3-23 ～ 24 頁、3.4.2.1 阻害要因。
[29]　知的財産裁判所 106（2017）年行専訴字第 63 号判決。詳しくは Wisdom ニュース～中国と台湾知財情報～【Vol.54】を参照。

本事件において特許権者は以下の主張を行った。

証拠５の要約書等において、「銀に添加される合金元素としては、亜鉛、アルミニウム、亜鉛とアルミニウム、マンガン、ゲルマニウム、および銅とマンガンがあり」、耐腐食性を調節することができることが開示されている。しかしながら、対象特許の比較例において、AgPd1Cu1の耐候性が劣ることが記載されている。よって、証拠５で開示されている銀合金に銅を含有させる内容と、対象特許に係る内容との間には相反する示唆が示されており、阻害要因が存在する。

そして裁判所は以下の見解を下さった。

「阻害要因」は、請求項に係る発明を排除する示唆・提案に関する内容が関連引用文献において明確に記載されている又は実質的に暗示されている場合に限り、当該発明が進歩性を有することを判断し得るものである。先行技術においてある発明特定事項が別の発明特定事項に比べ劣っていると記載されているのみでは、阻害要因とはならない。先行技術において、発明内容に関する事項に対する阻止の提案、反対又は否定がされていなければ、阻害要因ということはできない。

4.3.3　事例から進歩性の判断手順を見る

以下、実務上の事例を通して進歩性を判断する手順を簡単に説明する。

引用事例は「知的財産裁判所106（2017）年度行専訴字第102号行政判決」[30]である。

• 手順１、特許請求の範囲を確定する

対象特許請求項１に係る発明（以下、対象発明１）の内容は以下のとおりである。

「少なくとも１つのパーオキシ基（－Ｏ－Ｏ－）を含む化合物である少なくとも１つの酸化剤、及び多酸化部位を有する少なくとも１つの鉄触媒

---

[30]　詳しくは Wisdom ニュース〜中国と台湾知財情報〜【Vol.57】を参照。

を含み、前記酸化剤と前記触媒とは異なるものである、化学機械研磨用組成物。」

　対象発明1の主な発明特定事項は、CMP工程において「パーオキシ基酸化剤」と「鉄触媒」を併用することにあり、それらを併用することでCMP速度に予測できない相乗効果（Synergistic Effect, 1＋1＞2）を奏し、さらに所望の高研磨速度を提供するための金属酸化剤の使用によって生ずる金属汚染という先行技術に存在する問題の軽減ないし回避という付加効果をも奏する。

・ 手順2、関連先行技術で開示された内容を確定する
　関連先行技術で開示された内容をまとめると、下表になる。

各証拠開示内容の比較

証拠	開示内容
証拠2 （PCT WO96/11082）	化学機械研磨用スラリーに使用された酸化剤は、過酸化物と例えば硝酸鉄の鉄塩との混合物であってよい。
証拠3 （過酸化水素に関する教科書）	多酸化状態を有する鉄イオンが触媒として過酸化水素の反応を加速させ、過酸化水素の反応速度を向上させるという通常知識。
証拠4 （フェントン反応に関する定期刊行物の論文）	過酸化水素と、触媒として使用される鉄イオンとの反応メカニズム。

・ 手順3、当業者の技術水準を確定する
　実務において当業者の技術水準は、原則として引用文献に係る発明特定事項の具体的な対比及び分析において実質的に暗示されていることから、改めて明確に定義する必要はない[31]。

・ 手順4、請求項に係る発明と関連先行技術で開示された内容との間の

---

[31]　最高行政裁判所105（2016）年度行専更（一）字第4号行政判決。

相違点を確認する

　請求項に係る発明と関連先行技術との比較をまとめると、下表になる。
表における「×」は発明特定事項が開示されていないことを示す。

対象発明と各証拠内容との比較

	対象発明1	証拠2	証拠3	証拠4
発明特定事項	少なくとも1つのパーオキシ基（－O－O－）を含む化合物である少なくとも1つの酸化剤、	× （単一の酸化剤しか開示されていない。）	×	×
	及び多酸化部位を有する少なくとも1つの鉄触媒を含み、前記酸化剤と前記触媒とは異なるものである、	×	×	×
	化学機械研磨用組成物。	金属層用化学機械研磨スラリー	×	×
効果	鉄を含有量28ppm使用するだけで研磨速度（4850 Å/分）に達した。	研磨速度（4850 Å/分）に達するためには硝酸鉄（酸化剤）を5重量％も使用しなければならない。	反対示唆	×

• 手順5、当業者が関連先行技術で開示された内容及び出願時の通常知識を参酌し、請求項に係る発明が容易に完成できるか否か

「進歩性が否定される方向に働く要素」及び「進歩性が肯定される方向
に働く要素」をまとめると、下表になる。表における「○」は開示又は記
載されていることを示し、「×」は開示又は記載されていないことを示す。

「進歩性が否定／肯定される方向に働く要素」と各証拠の対応

	複数の引用文献を組合わせる動機について	
進歩性が否定される方向に働く要素	（1）技術分野の関連性	証拠2　○ 証拠3、4　×
	（2）解決しようとする課題の共通性	証拠2、3、4　×
	（3）機能又は作用の共通性	証拠2、3、4　×
	（4）示唆又は提案	証拠2、3、4　×
進歩性が肯定される方向に働く要素	阻害要因	証拠3
	有利な効果	○

「進歩性が否定される方向に働く要素」及び「進歩性が肯定される方向
に働く要素」、並びに手順4における本願と引用文献との相違比較などを
総合的に考慮した結果、進歩性を有しない論理付けができないので、対象
発明は進歩性を有すると判断する。

　ここで注意すべきことは、手順5における各種の判断、考慮は事件によ
り異なる（case by case）ことである。よって、上述した事例における各
要素の整理、・まとめないし最後の結論は必ずしもその他の事件に適用で
きるわけではない。対象特許の技術内容を鋭意検討し、引用文献に開示さ
れている程度によって適切かつ総合的に考慮、判断しなければならない。

第五項　特殊な請求項についての新規性及び進歩性判断
5.1　数値限定の請求項
　請求項中に数値又は数値範囲の発明特定事項が含まれる発明、いわゆる

数値限定発明には、物の発明においては成分含有量、物理化学的性質、大きさ等を限定するもの、方法の発明においては温度、時間、圧力等の条件を限定するものが含まれる。審査における進歩性判断や権利範囲の解釈及び侵害の判断に関し、数値限定発明では通常の発明とは異なる。

(1)　数値限定が発明の効果と実質的な関連があるか否かを確認しなければならない。仮に当該数値限定により発明が顕著な又は予期できない効果を奏することにはならない場合、たとえ当該数値が先行技術で開示されていないとしても、発明は進歩性を有しない[32]。

　事例紹介：「ファン及びその羽根車」事件判決[33]
　　本事件について台湾最高行政裁判所は以下の判決を下した。
　　本件特許明細書第9頁第1段落に記載された内容から、羽根の前部縁とハブの頂上部分との間の距離が予定高度であるため、フレーム本体、羽根及びハブの間に空間が形成され、ファンが回転するとき、この空間の中で安定した気流を形成し、ファンの作動区域の性能を高める効果があることがわかる。言い換えれば、本件特許により生ずる特殊な効果とは、フレーム、羽根及びハブの三者から形成される特定空間関係により安定した気流が生ずることであり、羽根の前部縁とハブの頂上部分との間の距離が予定高度である点のみにより特殊な効果が生ずるのではない。よって請求項1記載の「前記予定高度の前記ハブの高度に対する比は、15〜22.5％の間である」という技術特徴を、発明対象（羽根車）が有する技術上の効果と称することはできない。

(2)　数値限定が「臨界的意義（critical character）」を備えているか否かも

---

[32]　知的財産裁判所103（2014）年行専訴字第17号行政判決、最高行政裁判所104（2015）年判字第428号判決。詳しくはWisdomニュース〜中国と台湾知財情報〜【Vol.26】及び【Vol.33】を参照。
[33]　最高行政裁判所104（2015）年判字第428号判決。

重要である。明細書において実施例及び比較例を十分に記載し、実施例等のデータ資料から選択された発明が先行技術に比べより顕著な同一特性の効果を有することが証明されるか否かがポイントとなっている[34]。

事例紹介：「複合銀線」事件判決[35]

　本事件について台湾最高行政裁判所は以下の判決を下した。

　証拠1は請求項1記載の複合銀線の組成元素を開示しているが、各元素の含有量数値範囲は、請求項1で限定された範囲よりも広いものとなっている。証拠2は請求項1記載の複合銀線の組成元素を開示しているが、証拠2で開示されている各元素含有量の総和（0.05〜5重量％）は、請求項1で限定された数値範囲の総和（6〜12重量％）と明らかに異なっている。また、係争特許の明細書第5〜第9ページの実施例評価方法及び結果分析を参酌すると、請求項1の「金の含有量は4重量％より大きく8重量％より小さく、パラジウムの含有量は2重量％〜4重量％の間である」という記載は、証拠1と証拠22よりも小さい数値範囲を目的を持って選択しており、かつ証拠1及び証拠2とは明らかに異なる効果を生じる（作業性が金線と相当であるだけでなく、高温高湿度環境でも信頼性試験を通過できる）。よって証拠1と証拠2の組合せでは請求項1が進歩性を有しないことを証明するに足りない。

(3) 数値限定に係る発明特定事項を当業者が慣行的に行う実験又は分析により得ることができ、且つ先行技術と比較した効果についても当業者が予期できる範囲のものである場合、当該数値限定発明は進歩性を有しないと認定される[36]。

---

[34]　最高行政裁判所 104（2015）年判字第 428 号判決、知的財産裁判所 103（2014）年行専訴字第 17 号行政判決、知的財産裁判所 100（2011）年民専訴字第 64 号判決。

[35]　最高行政裁判所 104（2015）年判字第 428 号判決、知的財産裁判所 103（2014）年行専訴字第 17 号行政判決。

　数値限定発明は当業者が慣行的に行う実験又は分析により得ることができるものではないと証明するためには、明細書において十分な実施例及び比較例を記載しておかなければならない。実施例及び比較例は補正により追加することができないため、出願前の明細書作成時に十分注意する必要がある。拒絶理由等で請求項に係る発明は進歩性を有しないと指摘された場合、明細書の実施例及び比較例が不足している状況で単にそれが選択発明であると主張を行っても、審査官には認められず進歩性不備と直接認定される可能性が極めて高い。よって単に選択発明であることのみを主張するのではなく、出願に係る発明は引用発明と比較した予期せぬ効果を有する点を強調する等といった主張により当該数値限定は進歩性を有する旨主張することが好ましい。

5.2　用途限定物の請求項

　用途限定物の請求項とは、発明の対象は物に属するが、請求項において当該物の応用分野又は目的等の発明特定事項が記載されている請求項を指す。例として「鉄鋼の溶解に用いられる鋳型」、「心臓病の治療に用いられる医薬組成物 X」などが挙げられる。

　用途限定物の新規性の判断について、専利審査基準では「当該用途特徴が発明に係る物に影響を及ぼすか否か、即ち当該用途は発明に係る物が特定の構造及び／又は組成を有することを暗示しているか否か」により判断する、と規定している。当該用途は発明に係る物が特定の構造及び／又は組成を有することを暗示しているのであれば、当該用途は限定作用を有する。逆に当該用途は発明に係る物が特定の構造及び／又は組成を有することを暗示していないのであれば、当該用途は限定作用を有しない。

　審査基準に記載されている例として、「鉄鋼の融解に用いる鋳型」と記載された請求項の場合、「鉄鋼の融解に用いる」という用途は高融点とい

36　知的財産裁判所 99（2010）年行専訴字第 6 号行政判決。

う特性を生じ得る構造及び／又は組成を暗示しているため、当該用途は「鋳型」に対して限定作用を有する。この場合、当該発明の新規性を否定するには、先行技術において当該用途が開示されていなければならない[37]。即ち、先行技術において低融点のプラスチック製氷ケースが開示されていた場合、プラスチック製氷ケースも「鋳型」の一種ではあるが低融点であるため、当該先行技術によって対象請求項の新規性は否定されない。

5.3　製造方法限定物の請求項（プロダクト・バイ・プロセス・クレーム）

特許出願時に当該物の製造方法以外の発明特定事項で当該物を特定することが不可能又は困難であるため、製造方法で当該物を特定する必要があり、それを証明する関連証拠が提出されれば、当該製造方法は請求項の解釈において限定作用を有しない。従って、異なる製造方法によって製造され同一の構造又は特性を有する物では、当該請求項の限定範囲に入ることになる。請求項に係る物自体と先行技術で開示された物が同一であるか又は容易に完成できる者である場合、製造方法が異なっていても先行文献に係る物の発明により当該請求項に係る物の発明は特許を受けることができない[38]。

それに対し、特許出願時に当該物の製造方法以外の発明特定事項で当該物を特定することが不可能又は困難であることを証明する関連証拠を提出することができない場合、製造方法が請求項に記載されていることから、当該製造方法は請求項の解釈において限定作用を有する。この場合、先行技術において同一の製造方法を採用していることが開示されていなければ、当該発明の新規性又は進歩性を否定することができない[39]。

---

[37]　専利審査基準第 2-3-9 頁、専利侵害判断要点第一篇第二章。

[38]　専利審査基準第 2-3-9 頁、専利侵害判断要点第二篇第二章。

[39]　専利侵害判断要点第二篇第二章。

5.4　方法の請求項

　方法の請求項において各工程の順序（例えば、工程１、工程２、工程３……）が明確に記載されている場合、先行技術が、当該製造方法における特定の順序を開示していなければ、当該発明の新規性又は進歩性を否定することができない。

　それに対し、もし請求項の記載における語法又は論理関係からみて各工程に特定の順序関係が付与されていないと判断され（例えば、「…工程を含む製造方法」と記載されている）、かつ、明細書及び図面においても、各工程は特定の順序で行わなければならないことについて直接な記載又は暗示がされていない場合、当該方法の請求項における各工程に特定の順序関係を有すると認定してはならない。

5.5　用途の請求項

　用途の請求項とは、ある物の未知な特性を発見して当該特性を特定の用途に利用する発明に係る請求項を指し、「方法」の発明に属する。これに対し、前述した用途限定物の請求項は「物」の発明に属する。

　用途の請求項における当該用途は請求項の解釈において限定作用を有する。先行技術が当該用途を開示していなければ、当該発明の新規性を否定することができない[40]。例えば、「殺虫に用いる化合物Ａの用途」という請求項は用途の請求項である。先行技術において化合物Ａを殺虫という用途に用いることが開示されていない場合は、当該先行技術によって対象請求項の新規性は否定されない。

　審査基準では次のように規定されている。

　「医薬用途請求項に関して、原則的に化合物の活性成分及び請求する医薬用途から判断する。しかし公知の組成物を公知の疾病又は薬理作用に用

---

[40]　専利侵害判断要点第二篇第二章。

87

いることを技術的特徴とする発明に対して、新たに特定の用法又は用量、例えば特定患者群、特定部位、投与量、投与方法、投与間隔及び異なる成分の等の技術的特徴がある場合、その技術的特徴のうち1つでも先行技術と明確に区別される場合、該当医薬用途は新規性を有する。」。「医薬用途請求項の進歩性の判断方法は、化合物の活性成分及び請求する医薬用途から判断する。しかし公知の組成物を公知の疾病又は薬理作用に用いることを技術的特徴とする発明に対して、新たに特定の用法又は用量、例えば特定患者群、特定部位、投与量、投与方法、投与間隔及び異なる成分の『先後服用』等の技術的特徴がある場合、該当技術的特徴が進歩性を有するかどうかを考慮しなければならない。判断の基準として、これらの条件が、該当発明が属する技術分野の通常知識を有する者が通常業務を通して普遍的な手段で取得でき、かつ引用文書に記載された内容と比較した効果が、該当発明が属する技術分野の通常知識を有する者が予測できる範囲である場合、進歩性は否定される[41]。」

　台湾では特定の用量に特徴を有する医薬用途発明の進歩性の審査について、裁判所[42]は台湾特許庁よりも厳格な立場を採っている。「該当発明が属する技術分野の通常知識を有する者が通常業務を通して普遍的な手段では取得できず、かつ引用文書に記載された内容と比較した効果が、該当発明が属する技術分野の通常知識を有する者が予測できる範囲を超えている」という点の判断に関して、具体的な薬理効果が明らかにされていない状況では、該当発明が属する技術分野の通常知識を有する者にとって用量の変更は合理的動機に基づき行うことであり、かつ予測不可能な効果は生じないため、進歩性の要求を満たすのは難しい、と裁判所は判断をする傾向にある。

---

[41]　専利審査基準 2-13-28 頁
[42]　知的財産裁判所 101（2012）年行専訴字第 36 号判決。詳しくは Wisdom ニュース〜中国と台湾知財情報〜【Vol.7】を参照。

第六項　先願主義

6.1　概説

　台湾における特許出願は「先願主義」が採用されている。同一発明について二以上の出願があった時は、出願日が同一か否か、出願人が同一か否かを問わず、最先の出願のみについて特許を受けることができる。重複特許を排除するために、一発明について二以上の権利を認めてはならない[43]。

6.2　同一発明の定義

　同一発明とは、二以上の先願と後願又は同日に出願された二以上の特許出願の間で請求項に係る発明が同一であること、即ち、二以上の特許出願において記載された請求項のいずれかに係る発明が同一であることを指す[44]。

　先願主義でいう「内容が同一である」とは、記載の内容が以下のいずれかであることを指す。

(1)　完全に同一

(2)　文字の記載形式又は直接的一義的に知ることができる発明特定事項のみに差異が存在する

(3)　対応する発明特定事項の上位、下位概念のみに差異が存在する

(4)　通常知識により「直接置換」できる発明特定事項のみに差異が存在する[45]

6.3　引用文献

　先願又は同日に出願された他の出願を引用文献とすることができるか否かに関する原則は以下の通りである[46]。

(1)　公開又は公告される前に取り下げられた、却下処分が確定した、又は

---

[43]　専利法第 31 条第 1 項
[44]　専利審査基準第 2-3-35 頁。
[45]　専利審査基準第 2-3-13 頁。
[46]　専利審査基準第 2-3-34 頁。

拒絶査定が確定した特許／実用新案登録出願、及び出願審査請求がされなかったため取り下げられたものと見なされた特許出願のいずれも、同一発明であるか否かを判断する引用文献としてはならない。

(2) 先願又は同日に出願された他の出願を引用文献にする場合は、特許出願又は実用新案登録出願でなければならず、意匠登録出願であってはならない。

6.4　同日に出願された同一発明の審査

同一発明について同日に二以上の特許出願があり、かつその優先日が同日であって出願人が異なる場合は、協議をして特許を受ける出願人を定めるべき旨を出願人に通知しなければならない。協議が成立しなかった場合は、いずれの出願人もその発明について特許を受けることができない。

同一発明について同日に二以上の特許出願があり、かつその優先日が同日であって出願人も同一である場合は、二以上の特許出願から１つを選択して出願すべき旨を出願人に通知しなければならない。指定期間内に届出がなかった場合、出願人はその発明について特許を受けることができない[47]。

各出願人が協議を行う際、台湾特許庁は相当な期間を指定して協議をする旨を出願人に通知しなければならない。指定期間内に協議の結果の届出がなかった場合、協議は成立しなかったものと見なされる[48]。

第七項　拡大先願

7.1　拡大先願の要件

後願より先に出願され、後願の出願後に公開又は公告された特許先願又は実用新案登録先願は先行技術の一部に該当しないが、専利法第23条の規定により以下の (1)〜(4) までの全てに該当する場合、それらを新規性喪

---

[47]　専利法第31条第2項
[48]　専利法第31条第3項

失の判断基礎となる先行技術とすることができる。いわゆる拡大先願の規定である。

(1) 後願に係る明細書、特許請求の範囲又は図面に記載された内容が先願（引用出願）のものと同一であること。

(2) 後願の出願日後に、先願（引用出願）の公開又は公告がされたこと。

(3) 後願及び先願（引用出願）がいずれも台湾においてされた出願であること。

(4) 後願の出願人が先願の出願人と同一でないこと。

7.2　拡大先願の判断基準

拡大先願の「内容が同一である」とは、記載内容が以下のいずれかに該当することをいう。

(1) 完全に同一、

(2) 文字の記載形式又は直接的一義的に知ることができる発明特定事項のみに差異が存在する、

(3) 対応する発明特定事項の上位、下位概念のみに差異が存在する、

(4) 通常知識により「直接置換」できる発明特定事項のみに差異が存在する[49]。

台湾裁判所実務において、かつては拡大先願における「内容が同一である発明特定事項」に関する判断基準を、「通常知識により直接置換できる発明特定事項のみに差異が存在する内容の記載」に緩和した[50]。ただし、近年は拡大先願に対し厳格な解釈を採用する傾向がある。即ち「等効置換」≠「直接置換」という観点を採用する判決が出てきている[51]。

---

[49] 専利審査基準第 2-3-13 頁。

[50] 知的財産裁判所民国 99（2010）年行専訴字第 43 号行政判決及び最高行政裁判所民国 100（2011）年度判字第 1490 号判決。詳しくは Wisdom ニュース〜中国と台湾知財情報〜【Vol.25】を参照。

7.3　新規性、拡大先願、進歩性における同一発明の判断対象

　新規性、拡大先願、進歩性における同一発明の判断対象に関し、出願に係る発明と引用発明との間に「通常知識により直接置換できる発明特定事項のみに差異が存在する」場合は、当該引用発明は新規性判断の対象とはならない。これに対し、拡大先願及び進歩性の判断の際には出願に係る発明と引用発明との間に「通常知識により直接置換できる発明特定事項のみに差異が存在する」場合、当該引用発明は拡大先願及び進歩性の判断の対象となる。まとめると以下の表となる。表において「○」は判断対象となることを示し、「×」は判断対象とならないことを示す。

同一発明判断対象の比較表

	新規性	拡大先願	進歩性
完全に同一	○	○	○
文字の記載形式又は直接的一義的に知ることができる発明特定事項のみに差異が存在する	○	○	○
対応する発明特定事項の上位、下位概念のみに差異が存在する	○	○	○
通常知識により直接置換できる発明特定事項のみに差異が存在する	×	○	○

第八項　新規性喪失の例外

　特許出願前の特定期間内に、出願人が特定事情により発明を公開したとしても、その公開の事実によって特許出願に係る発明が新規性を喪失する

---

[51]　知的財産裁判所民国 104（2015）年行専訴字第 85 号行政判決。係争専利のフランジは機能面では証拠 2 の係合孔・係合部に対応し、係争専利の支持部は証拠 2 のリンクエッジではなく、階面に対応する。ただし、係争専利のフランジは、第一接触部ではなく支持部に設けられるのに対し、証拠 2 の係合孔・係合部はリンクエッジの内側の壁に設けられる。よって、係争専利と証拠 2 の両者において、フランジと係合孔・係合部の設置位置とは同一ではなく、対応する構造も異なり、直接置換できる発明特定事項ではない。従って、証拠 2 は係争専利に係る請求項 1 の「2 つのフランジが設けられた支持部」という発明特定事項を開示していない。詳しくは Wisdom ニュース～中国と台湾知財情報～【Vol.30】を参照。

に至らなかったものとみなされる。

8.1　2017年5月1日専利法改正の要点

2017年5月1日に施行された専利法において、国際調和を図る目的から新規性喪失例外の猶予期間（グレース・ピリオド）に関する規定が緩和された。改正の要点は以下の通り。

(1)　特許及び実用新案の猶予期間を6ヶ月から12ヶ月へ拡大。

(2)　猶予期間に適用する公開事由の緩和。

従来は限定列挙されていた公開事由を、「出願人の行為に起因して公開された」及び「出願人の意に反して公開された」であれば全て適用対象となった。

(3)　手続き規定の削除。

出願と同時に猶予を主張しなければならないという規定及び所定の期間内に証明書類を提出しなければならないという規定を削除。

8.2　適用要件

1．公開事実の行為主体

出願人又は第三者。出願人には例えば、被相続人、譲渡人、被雇用者、被招聘者等といった前権利者も含まれる。

2．新規性喪失例外の期間：特許・実用新案は公開事実が発生した日の翌日から12ヶ月間、意匠の場合は6ヶ月である[52]。

8.3　適用事情

新規性喪失の例外規定が適用される事情は以下の通りである。

(1)　発明が出願人の行為に起因して公開された場合

発明が出願人の本意に起因して公開された場合を指す。公開をする者は出願人本人に限らない。従って、例えば出願人（出願する本人又はそ

---

[52]　専利法第22条第3項。

の前権利者）自ら公開した場合や又は出願人以外の者に発明の公開を承
諾した場合は本事情に該当する。

(2)　発明が出願人の意に反して公開された場合

　　出願人が発明の公開を望んでいなかったが、公開された場合を指す。
従って、例えば出願人以外の者が出願人の委任、承諾、指示なしに発明
を公開した場合や、委任等された者が守秘義務に反し強迫、詐欺、窃盗
その他不正の手段により発明を公開した場合は本事情に該当する。

　公開形式に関し、実験による公開、出版物での発表、政府の主催又は政
府に認可された展覧会での陳列等による公開などいずれも対象となり、公
開形式は特に制限されていない。

　特許公報に掲載されることにより公開された発明は、原則として対象外
となる。しかし、それが台湾特許庁等のミスによる場合、又は第三者が直
接ないし間接に発明の技術内容を入手し、無断で出願を行ったことによる
場合は、例外として新規性喪失例外の主張は可能である[53]。

8.4　適用範囲

　従来は適用範囲は新規性のみであり進歩性には適用されていなかった
が、2013年1月1日に専利法が改正され、新規性喪失例外の適用が進歩性
まで拡大されるようになった[54]。

8.5　日本と台湾の相違点

　日本[55]と台湾での規定における相違点について、次の表にて示す。

---

[53]　専利法第22条第4項。
[54]　専利法第22、122条。
[55]　平成30年6月9日施行の改正法。

項目	日本	台湾
グレース ピリオド	特許・実用新案・意匠12ヶ月	特許・実用新案：12ヶ月 意匠：6ヶ月
手続き	その旨書面を出願と同時に、証明書を出願日から30日以内に提出（行為に起因した公知行為の場合）	書面提出不要

第九項　発明の詳細な説明の記載要件

9.1　概要

　発明の詳細な説明の記載要件について、専利法第26条第1項には、「明細書は、当業者がその内容を理解でき、かつ実施をすることができる程度に明確かつ十分に開示しなければならない」と規定している。

9.2　実施可能要件の具体的な判断

　明細書には当業者がその記載を基礎として出願時の通常知識を参酌することで当該発明の技術を理解でき、かつ過度な実験等をせずに期待した効果を奏することができる程度に、出願に係る発明を明確十分に記載しなければならない[56]。

9.2.1　実施例に関して

　実施例をどれだけ開示すれば実施可能要件を満たすかという点について、専利審査基準では明細書には一以上の実施形態を記載しなければならず、必要がある時は実施例をもって説明することができる、と規定している[57]。

　これに対し、知的財産裁判所は以下の見解を示している。

　当業者を基準として明細書の記載により実施可能か否かを判断しなければならないのであって、出願人に対し全ての実施例の全体構造を1つずつ

---

[56]　専利審査基準第 2-1-6 頁。

[57]　専利審査基準第 2-1-7 頁。

描写することは求めるものではない。さもなければ、技術思想の保護という特許の精神を狭め、特許権では具体的な実施物しか保護されなくなってしまい、これは文字で表された技術思想を保護するという特許制度の趣旨に合わない。

事例紹介：「横吹き式送風機」事件判決[58]

　本事件において台湾特許庁の見解は以下の通りである。

　リングプレートの数が2又は2以上の場合、リングプレートをどのように設置すればリングプレートが同時又は別々にサブ吸気口を部分的に覆うように構成され騒音が低下するのかに関し、いかなる説明も例示も存在せず、その効果を比較する数値もない。よって不明確であり実施できないとし、本発明を拒絶査定とした。

　しかし、知的財産裁判所は以下のように異なる見解を示した。

　請求項7の「前記リングプレートの数が2又は2以上のとき、それらリングプレートが共に又は別々に、サブ吸気口を部分的に覆う」という記載に関し、明細書の実施例では対応する図面及び説明内容は記載されていないが、当業者からすれば、当該リングプレートが多数に重なって設置されるとき、共にサブ吸気口を部分的に覆うことができ、当該リングプレートが2個で直径が異なるとき、それぞれ別にサブ吸気口を部分的に覆うことができ、騒音を低下させる目的を実現できることを理解できるはずであり、当該実施例で開示された技術特徴は十分に明確且つ十分であり、実施可能な程度に達している。従って、当業者は明細書、特許請求の範囲及び図面の三者全体を基礎として、出願時の通常知識を参酌し、過度な実験を経ることなく、その内容を理解でき、その発明を実施し、課題を解決し効果が達せられるため、専利法第26条第2項の規定を満たす。本発明の課題を解決するための手段は、リングプレートによ

---

[58]　知的財産裁判所104（2015）年行専訴字第74号行政判決。詳しくはWisdomニュース～中国と台湾知財情報～【Vol.38】を参照。

りサブ吸気口を部分的に覆うという点であるが、当業者はその意義を容易に理解し実施することができる。従って、各実施態様においてサブ吸気口のどの程度の範囲を覆うかについて開示されていないが、これは当業者が実施できるか否か、発明の目的が達せられるか否かに影響を与えない。

ところが、医薬関連の発明については、裁判所は実施例の数および内容に対する要求は厳格なものとなっている。

事例紹介：「HIV プロテアーゼを抑制するための化合物及び薬学組成物（二）」事件判決[59]

　台湾特許庁は、対象特許の特許請求の範囲が広範かつ曖昧すぎであり、かつ明細書では関連する物性、化学的性質の資料又は薬理試験データが記載されていないため、対象特許請求項 1 は「サポート要件」の規定に違反し、対応する発明の詳細な説明は「実施可能要件」の規定に違反する、と認定した。

　知的財産裁判所も台湾特許庁の見解に同意し、更に以下の見解を示した。

　対象特許明細書に記載された単一の実施例・化学式（21）の構造によっては、対象特許請求項 1 に係るこのような広範な範囲の置換基を有する化合物の全てが HIV プロテアーゼを抑制する効果を確実に奏し、かつ単離製造が確実に可能であり、当業者がそれを基礎として実施できることを証明することができない。

9.2.2　各種の発明の実施可能要件の規定

以下、審査基準の規定及び実務上の例をまとめる。

---

[59]　知的財産裁判所 98（2009）年行専更（一）字第 6 号判決。

（1）化合物の発明の場合には、特許出願に係る化合物を明確に示すべきである。即ち、当該化合物の化合物名、化学構造式（各種の官能基、分子の立体構造などを含む）又は化学式を明確に記載し、物理的・化学的性質（例えば、各種の定性・定量データ又はスペクトル等）を記載しなければならない。

（2）組成物の発明の場合には、当該組成物の成分、各成分の選択可能の範囲及び含有量範囲、組成物の性質又は機能に対する影響を明確に記載しなければならない。もし二種又は二種以上の活性成分を有する場合、その比率を記載しなければならない。

（3）構造及び／又は成分で明確に説明できない物の発明の場合には、出願に係る産物が明確に確認できるように、適切な物理的・化学的性質及び／又は製造方法をもって説明しなければならない。物の発明についての請求項にその物の性質が記載されている場合は、当該性質は必ずその発明の属する技術の分野において常に用いられ、かつ明確な性質でなければならない。

事例紹介：「合金線材およびその製造方法」事件判決[60]

　係争専利のパラメータ特徴では、まず合金線材全体における「全ての結晶粒数量」及び「焼なまし双晶を含む結晶粒の数量」の2つの数値を求める必要があり、当該2つの数値を得て初めて、焼なまし双晶を含む前記結晶粒の数量と前記合金線材の前記結晶粒の総量の比率を計算できる。しかし、明細書及び特許請求の範囲では合金線材全体における上記2つの数値の測定方法、計算方法、認定準拠等に関する記載はない。

　係争専利明細書の実施例では、各図面（図8A、図8B、図9A、図9B、図10A、図11A、図15A）においてのみ、各実施例の合金線材の横断面

---

[60] 知的財産裁判所104（2015）年民専上字第28号民事判決、詳しくはWisdomニュース～中国と台湾知財情報～【Vol.35】を参照。

の金属組織が開示されるとともに、結晶粒総数量における焼なまし双晶を含む結晶粒の数量の百分率が記載されている。しかし、「結晶粒総数量」、「焼なまし双晶を含む結晶粒の数量」それぞれの計算依拠又は比率を得る過程については記載されていない。係争特許の各金属組織図は、係争専利の金属組織構造の一部の特徴を示すために用いられているに過ぎず、各実施例で計算された「焼なまし双晶を含む前記結晶粒の数量と前記合金線材の前記結晶粒の総量の比率」が確かに各金属組織図に依って計算し得られたものであることを、金属組織図からは判断することができない。

　また、係争専利明細書には次の記載がある。「本発明の合金線材の特徴の１つは、当該合金線材が多結晶構造を有するもので、かつ複数の結晶粒を含むという点である。合金線材の中心部は細長い結晶粒を含み、合金線材のその他の部分は等軸結晶粒からなる。結晶粒の平均粒径は１μmから10μmであり、0.5μmから３μmである従来のワイヤボンディング用の線材の平均粒径よりも若干大きい。」。そして次の記載もある「本明細書全体においていう"合金線材の中心部"は、合金線材の軸心（axis）から合金線材の半径方向に沿って、合金線材の半径の軸心から30パーセントの距離の位置まで伸びる領域内にある合金線材の部分のことを意味する。」。これより、係争専利の合金線材の結晶粒の大きさには差異があり、また形成される焼なまし双晶も二つの結晶粒面で異なる。したがって、本技術に熟知する者が出願前の通常知識を運用し、合金線材全体の「結晶粒総数量」及び「焼なまし双晶を含む結晶粒の数量」を算出することは相当な困難を伴う。

　以上より係争専利に係る発明は、当業者が明細書、特許請求の範囲及び図面の全体を基礎とし通常知識を参酌したとしても実施することができないものである。

(4) 医薬発明の場合には、薬理試験に用いた化合物、医薬用途（例えば、適用疾病又は薬理作用）、有効量及び投与方法等を記載しなければなら

ない。また、当業者にとって当該化合物は医薬発明で主張している医薬
用途に用いられることを証明できる薬理試験方法及び薬理試験結果を記
載しなければならない。当初明細書に薬理試験方法及び薬理試験結果に
ついての記載がない場合、出願人は拒絶理由通知を受けた後、拒絶理由
の反論として補足資料を提出することができない。一方、薬理試験結果
は記載していない又は記載不足だが、具体的な薬理試験方法は十分に記
載されている場合、出願人は拒絶理由通知を受けた後、拒絶理由の反論
として補足資料を提出することができる。

事例紹介：「アレルギー疾患を治療又は緩和する薬物組成物」事件判決[61]

　対象特許に係る発明は有効量のクエン酸、乳酸及びその酸性塩を活性
成分に用いる医薬組成物であり、アレルギー疾患の治療又は緩和を主な
技術手段とし、そしてアレルギーリスクの低減、風邪の治療、腫れの治
療及び痒さの治療に用いる用途をそれぞれ請求する。

　本事件において知的財産裁判所は以下の判決を下した。
　対象特許に係る発明の説明には、主張する医薬用途を証明するに足る
薬理試験方法及び結果を記載しなければならない。対象特許に記載され
た実施例は広範な「アレルギー疾患」の治療効果をカバーするほど十分
ではない。発明の説明においては、食用可能なカルボン酸、乳酸又はク
エン酸により体液の pH 値を低下させることで、どのようにアレルギー
疾患の治療又は緩和が達成されるかについて、具体的な理論及び実証根
拠が記載されていない。同時に実施例では、いずれも体液の pH 値を低
下させることでアレルギー疾患の治療又は緩和が達成されることに関
する内容が示されていない。配合実施例に関しては、単に各種食品、薬

---

[61]　知的財産裁判所 104（2013）年行専訴字第 77 号判決、最高行政裁判所 106（2017）
　　年判字第 278 号判決。

品に各種の食用酸が添加されることが記載されているに過ぎず、アレルギー疾患の依拠となる各種配合のpH値又は食用酸の添加に関する内容は明示されていない。よって、対象特許明細書は実施をすることができる程度に十分に記載すべきという要件を満たさない。

最高行政裁判所も知的財産裁判所の見解に同意し、更に以下の見解を示した。

対象特許明細書は実験データを欠き、また症状の原因及び異なる病状の程度と対象特許に係る組成物の使用結果との関連性についての説明も不足しているのみならず、有効性及び信頼性を有する資料も提出されていない。よって、対象特許は実施可能要件を満たさない。

(5) 明細書に記載された微生物を生産する方法に基づき、当業者に期待し得る程度を超える試行錯誤、複雑高度な実験等をせずに当該微生物を製造することができない場合には、出願人は当該微生物を台湾特許庁指定の寄託機関に寄託しなければならない[62]。

(6) 明細書に記載の新たな発明特定事項について、描写に公知の用語を用いる場合、その機能及び技術内容を詳しく記載しなければならない。

知的財産裁判所105（2016）年行専訴字第2号判決事件において、対象特許請求項に記載された反射器は公知の反射器とは異なる。対象特許明細書では新たに定義された「反射器」について既存用語が採用されているが、どのような機能か、どの既存技術内容を採用したかについて明確に記載されていない。そのため、当業者は対象特許明細書に記載の目的又は効果を理解するために、内容を推測しなければならず、対象特許の記載内容を理解して対象発明を実施することができない。

---

[62] 微生物寄託に関する規定は本編第一章第三節第四項を参照。

(7)　手段機能用語（ミーンズ・プラス・ファンクション）にて請求項を記
　　載する時の明細書の記載に関して

　手段（又は手順）機能用語にて請求項を記載する際の「実施可能要件」
について、明細書には請求項における当該機能用語に対応する構造、材料
又は動作を記載しなければならない。

　知的財産裁判所101（2012）年民専上更（二）字第5号判決の事例にお
いて、裁判所は以下の判決を下した。

　対象特許請求項6における「広告モードを設定する機能手段又は装置」、
「広告の種類を設定する機能手段又は装置」、「マッチング情報を生み出す
機能手段又は装置」及び「広告のマッチングシステムに知らせる機能手段
又は装置」などの発明特定事項は手段機能用語の表現に該当するが、対象
特許明細書では当該機能に対応する構造及び材料についての描写、及び各
機能がどのように奏されるかについての動作内容が記載されていないた
め、対象特許請求項6は実施することができない。

　手段機能用語にて請求項を記載する場合、現行の規定を満たすために
は、明細書において当該手段機能用語に対応する実施形態（実施例）を十
分に記載する必要がある。また、請求項の解釈範囲が明細書に記載された
実施例に限定されることを回避するのは難しいため、手段機能用語にて請
求項を記載せざるを得ない場合、一般的には実施例を大量に記載すること
で特許請求の範囲を確保することになる。

9.3　実施可能要件違反の形態

(1)　当業者が明細書の記載を基礎として出願時の通常知識を参酌したが、
　　発明を「製造」するためには過度な実験等をする必要がある場合

　例えば、物理的・化学的方法を用いる人工突然変異誘発によって新規微
生物を生産する方法。突然変異誘発の条件下で発生した微生物は無作為で

あるため、再現性を有しない。同じ人工突然変異誘発の条件を用いてとしても完全に同一の結果を得ることは困難であるため、実施可能要件を満たさない。

　ただし、出願人が出願に係る方法の発明は確実に再現性を有することを十分に証明できる場合は、その方法の発明は実施可能要件を満たす。
(2) 当業者が明細書の記載を基礎として出願時の通常知識を参酌したが、発明を「使用」するためには過度な実験等をする必要がある場合

　例えば、受容体の発明。明細書には当該受容体のアミノ酸配列を相似性対照した結果、R-受容体（R-receptor）の群に属することのみが記載され、明確な機能（例えば、肥満抑制）が記載されていない。このような場合、その群に属する受容体は生理調整作用に影響が広く及び、それぞれ異なる生理調整作用に関与するため、明確な機能が記載されなければ、当業者は過度な実験等をしなければ当該発明を理解、使用することができない。よって、当該受容体の発明は実施可能要件を満たさない。

9.4　実施例、実験データの追加に関して

　審査官が実施可能要件を満たさないと判断した部分に対し、当該発明は当業者が明細書の記載に基づいて実施できるものであると説明するために、出願人は意見書と同時に補足資料（例えば、実験データ又は公開文献等）を提出することができる。ただし、出願日以降に提出した資料は、審査官が明細書の記載が実施可能要件を満たすか否かを判断する補助証拠として使われるに過ぎない。補正により明細書に新たな実施形態又は実施例、実験データを追加することはできないが、拒絶理由通知に対し意見書を提出する際、進歩性の主張をサポートする補足資料として実施例又は実験データを提出することはできる。

第十項　特許請求の範囲の記載要件

10.1　明確性要件

　明確性要件とは、当業者が請求項に記載されている内容によるだけで、請求項に係る発明の意義を明確に理解でき、その範囲に対して疑問を抱かない程度に、各請求項の記載は明確且つ全ての請求項全体の記載も明確でなければならないことを指す。

10.1.1　明確性要件を満たさない例

１．同一請求項の発明の範囲が不明確となる例。

例１：「……反応温度が20～100℃であり、50～80℃<u>がより好ましく</u>、70℃が<u>最も好ましい</u>、化合物 A の製造方法。」
　　　異なる範囲で限定されているため、不明確となる[63]。

例２：「……その中の置換基 R がハロゲンであり、例えば、塩素が挙げられる、化学式 I の化合物。」
　　　「ハロゲン」及び「塩素」は互いに上位下位概念にあるため、不明確となる[64]。

２．パラメータ（数値）限定発明について
　審査基準では以下のように規定されている。
　「請求項における発明特定事項が構造又は工程によっては明確に特定できない場合にのみ、パラメータをもって又は複数のパラメータを変数としてなる数学関係式をもって特定することができる。パラメータは物の特性を表現する数値で、直接の測定によって得られるものであり、例えば融点、分子量、スペクトル、pH 値、弾性係数、電気伝導度等が挙げられる。化

---

[63]　専利審査基準第 2-1-28 頁
[64]　前注と同様

学物質は化学の名称又は分子式、構造式で特定することが一般的で、化学の名称又は分子式、構造式等の構造的特徴で請求項を限定できない場合、物理又は化学のパラメータで限定することができる。

　請求項において発明特定事項がパラメータで限定されている場合、当該パラメータの測定方法は当該発明の属する技術分野において慣用されており、かつ明確な方法でなければならない。パラメータが公知のものでなく明細書にもその測定方法が記載されていない、又は記載された装置では当該パラメータを測定することができない場合、出願に係る発明を先行技術と比較することができないため、当該請求項は不明確であると認定しなければならない。

　請求項において発明特定事項がパラメータで限定されている場合、原則として請求項においてパラメータの測定方法を記載しなければならないが、以下の（ⅰ）～（ⅲ）のいずれかに該当する場合、記載する必要はない。

（ⅰ）測定方法が唯一の方法である又は広く使用される方法であり、当業者が知っている測定方法である場合。

（ⅱ）公知測定方法のいずれによっても同一の結果が得られる場合。

（ⅲ）測定方法の記載が冗長で十分に簡潔でなく又は理解し難いことにより請求項が不明確となる恐れがある場合、請求項の記載は明細書に記載された測定方法を参照すればよい[65]。

　パラメータ限定発明の明確性に対する要求及び認定に関し、台湾裁判所実務[66]は台湾特許庁の審査基準規定と一致している。即ち、当業者が当該パラメータ特徴の測定方法が如何なるものかきちんと理解できることが、パラメータ限定発明が明確性を満たすか否かの重要なポイントである。使用する測定方法が明瞭でないか、又は異なる結果を得られる測定方法が一

---

[65]　専利審査基準第 2-1-29 頁
[66]　知的財産裁判所 104（2015）年民専上字第 28 号民事判決、最高行政裁判所 100（2011）年度判字第 1463 号判決、知的財産裁判所 103（2014）年行専訴字第 61 号判決。

種以上存在する場合、いずれも明確性の要件違反となる。パラメータの測定方法が明確に開示されているか否かの判断においては、請求項に記載されていることは必ずしも要求されていない。仮に明細書に記載されており、当該技術を熟知する者が特許請求の範囲、明細書、図面の三者全体を基礎とし出願時の通常知識を参酌することでその内容が理解できる場合、明確性の要件を満たすことになる。一方で、明細書には測定方法が記載されていない場合、その測定方法が周知である場合を除いて、明細書以外の証拠により測定方法が明細書で十分に開示されていると証明することはできない[67]。

　事例紹介：「合金線材およびその製造方法」事件判決[68]

【係争専利請求項１の内容】
　「銀－金合金、銀－パラジウム合金および銀－金－パラジウム合金よりなる群のうちの１つから選ばれる材料からなる合金線材であって、
前記合金線材が面心立方格子（face-centered cubic lattice）の多結晶構造を有するもので、かつ複数の結晶粒を含み、
　前記合金線材の中心部は細長い結晶粒または等軸結晶粒を含み、前記合金線材のその他の部分は等軸結晶粒からなり、
　焼なまし双晶を含む前記結晶粒の数量が前記合金線材の前記結晶粒の総量の20パーセント以上である、合金線材。」

　知的財産裁判所は以下の判決を下した。
　係争専利のパラメータ特徴では、まず合金線材全体における「全ての結晶粒数量」及び「焼なまし双晶を含む結晶粒の数量」の２つの数値を求め

[67]　知的財産裁判所104（2015）年民専上字第28号民事判決、知的財産裁判所105（2016）年行専訴字第80号判決。

[68]　知的財産裁判所104（2015）年民専上字第28号民事判決。詳しくはWisdomニュース～中国と台湾知財情報～【Vol.35】を参照。

る必要があり、当該2つの数値を得て初めて、焼なまし双晶を含む前記結晶粒の数量と前記合金線材の前記結晶粒の総量の比率を計算できる。しかし、明細書及び特許請求の範囲では合金線材全体における上記2つの数値の測定方法、計算方法、認定準拠等に関する記載はない。物の発明に係る請求項において、特性により発明を限定する場合、当該特性は当業者が一般的に用いるものでかつ明確な性質でなければならない。当該特性が新たなパラメータを使用する必要がある場合、当該パラメータにより限定する物と先行技術が区別されなければならず、かつ発明の詳細な説明において当該パラメータの測定方法が記載されていなければならない。公知ではない特性によって請求項に係る発明を限定しながら発明の詳細にそのパラメータの測定方法が記載されていないか、又は記載された装置では測定できない場合、請求項に係る発明は先行技術と比較できないため、当該請求項は不明確と認定しなければならない。

3．物の発明が機能、特性、製造方法又は用途で限定されているが、当該技術に習熟するものがその記載に基づき、限定されている物と周知の物との間にある関係又は差異が理解できない請求項。

10.1.2　明確性要件を満たす例

1．請求項において数値限定で用いられる用語として、最小値又は最大値のみが示されている、又は0若しくは100％を含む数値範囲限定。例えば、「……より大きい」、「……より小さい」、「少なくとも……」、「多くとも……」、「……以上」、「……以下」、「0～……％」又はこれらに類似する用語。ただし、これらの用語が特定の技術分野において明確な意義を有する場合、又は当業者が理解できる範囲である場合は、記載することができる[69]。

---

[69]　専利審査基準第2-1-21頁

例1：［請求項］重量％で計算し3〜15％のクロム、2.5〜3.0％のモリブデン、1.5〜1.8％のニッケル、0.036％以下の硫黄……からなる、ゴルフのクラブヘッド用合金。

（説明）硫黄は材料において除き難い不純物であるため、その下限数値は限定する必要もなく限定もできない。よって、請求項の記載は不明確とはならない[70]。

例2：［請求項］……電子受容体である粒状炭素として、平均直径が5mm程度から100mm程度までの供与體／受容体複合物を含む、太陽電池。

（説明）当業者がその範囲を理解でき、かつ新規性及び進歩性を審査する際に当該用語による特許請求の範囲と先行技術とが区別できないことはないため、請求項の記載は不明確とはならない[71]。

10.2　簡潔性要件

請求項には効果、目的などの不要な背景説明を記載し、又は商業的宣伝用語を記載してはならない[72]。

10.3　サポート要件

各請求項記載の発明の対象は、必ず明細書で開示された内容を基礎としたものでなければならない。また、請求項の範囲は明細書で開示された内容を超えるものであってはならない。

請求項は一般に1個又は1個以上の実施形態又は実施例からなるものであるため、請求項の範囲が明細書で開示された内容を超えないように、請求項の範囲が適切か否かを判断する際は、関連する先行技術を含めた出願時の通常知識を参酌しなければならない。審査官は、当業者が出願時の通常知識を参酌し、慣行される実験又は分析方法を用いることで、明細書で

---

[70]　専利審査基準第 2-1-22 頁

[71]　専利審査基準第 2-1-25 頁

[72]　専利審査基準第 2-1-11 頁

開示された内容から請求項の範囲を合理的に予測できる場合、サポート要件を満たすと認定しなければならない[73]。

　以下、サポート要件を満たさない例をあげる。

例1：請求項の記載が上位概念であり、範囲が広すぎる場合[74]
　　　請求項の記載は『合成樹脂成型物の性質を処理する方法』であり、明細書には単に熱塑性樹脂の実施例が開示されているだけで、その方法が熱硬化性樹脂にも適用できることが証明されていない場合は、審査官は、当該特許請求の範囲は明細書により支持されていないと認定しなければならない。

例2：請求項が出願人の推測した内容を含むがその効果を容易に確定できない場合[75]

（i）請求項の記載が『コールドショックで植物の種を処理する方法』であり、明細書には単に当該方法は1種の特定の植物の種にのみ適用できると開示され、その他の植物の種にも適用できるとは開示されていない場合は、当業者はその他の植物の種を処理しても同じ効果が得られるかを確定できないため、審査官は、特許請求の範囲は明細書により支持されていないと認定しなければならない。

（ii）請求項1で請求された内容は血液pH値を低下させる薬学組成物であり、アセチルコリンエステラーゼ酵素を阻害し、アルツハイマー病による記憶力減退を改善するものである。しかし発明の詳細な説明には関連学理説明のみが提供され、記載されたカルボン酸が確かに血液pH値を低下させアセチルコリンエステラーゼ酵素を阻害しアルツハイ

---

[73]　専利審査基準第2-1-31頁
[74]　専利審査基準第2-1-32頁
[75]　専利審査基準第2-1-31頁

マー病による記憶力減退を改善する効果を達成することを確実に証明する明確かつ科学実証を有する薬理数値が記載されていない。よって本件特許請求の範囲は出願人の推測した内容が含まれ、その効果を容易に確定できず、出願時の発明の詳細な説明で開示された範囲を超えており、発明の詳細な説明で支持されていないため、請求項1で請求された範囲は明細書で支持されておらず、専利法第26条第3項（現行専利法第26条第2項）の規定を満たさない[76]。

例3：達成させたい結果で物の発明を限定する場合[77]

請求項：移動する際のエネルギー効率がA〜B%であることを特徴とする、ハイブリットカー。

明細書：明細書においてはエネルギー効率をA〜B%にすることができる送電制御手段しか記載されていない。

　当時のハイブリットカー技術分野におけるエネルギー効率は一般的にA%よりはるかに低いX%程度であり、出願時の通常知識及び明細書の記載を参酌しても、エネルギー効率をどのようにA〜B%へとするのか、理解できない。

第十一項　発明の単一性

　専利法第33条第2項は、二以上の発明が一の広義の発明概念に属する発明であれば、これらの発明を一の願書で出願できる旨を規定している。一定の関連性を有する発明を一の願書で出願できるため、出願人にとっては手続き上の不備が解消し、また台湾特許庁にとってはより効率的に審査を行うことができる。

---

[76]　詳しくは Wisdom ニュース〜中国と台湾知財情報〜【Vol.18】を参照
[77]　2013 年専利審査基準第 2-1-33 頁

11.1　単一性の判断

「二以上の発明が一の広義の発明概念に属する」とは、二以上の発明が相互に技術的に関連することを意味し、この場合当該二以上の発明には単一性があることになる。

「相互に技術的に関連する」とは、請求項に記載された二以上の発明が一又は複数の同一の又は対応する特別な技術的特徴を有していなければならないことを意味する。ここで「特別な技術的特徴（special technical feature）」とは、請求項に係る発明が全体として先行技術に対して貢献を有することを示す発明特定事項、即ち、先行技術に対して新規性及び進歩性を有する発明特定事項を意味する[78]。

11.2　単一性要件違反の効果

専利法第33条第2項の要件は、拒絶理由ではあるが、無効理由とはなっていない。

発明の単一性の要件を満たさない二以上の発明を含む出願であっても、これは単に手続き上の不備に過ぎず、発明の単一性要件を満たさない特許出願がそのまま登録となることは、直接的に第三者の利益を著しく害することにはならない。このため、第33条第2項の要件は、拒絶理由ではあるが、無効理由とはなっていない。

発明の単一性を有しない特許出願について、出願人は出願を分割することによって単一性要件違反を解消することができる。

---

[78]　専利法施行細則第 27 条

第二節　実体審査

第一項　実体審査請求

1.1　審査請求制度

出願を行った後は方式審査が行われることは既に述べたが、特許権を取得するためには、実体審査を経なければならない。そしてこの実体審査は、実体審査請求があってはじめて行われる。

1.2　請求人

当該特許出願人に限らず、何人も台湾特許庁に実体審査請求をすることができる[79]。

1.3　出願審査請求の時期的制限

出願日から3年以内に、台湾特許庁に実体審査の請求をすることができる。実体審査請求期限の起算日は優先日でなく台湾における出願日が基準となる。実体審査請求をすることができる期間内に実体審査請求がなかった場合は、当該特許出願は、取り下げたものとみなされる[80]。

分割出願又は変更出願の場合、出願日から3年後であっても分割出願日又は変更出願日から30日以内に実体審査請求をすることができる[81]。

1.4　実体審査請求の取下げ

実体審査請求は、取り下げることができない[82]。

---

[79]　専利法第38条第1項
[80]　専利法第38条第4項
[81]　専利法第38条第2項
[82]　専利法第38条第3項

1.5　実体審査の費用

請求項の数及び出願書面（明細書、特許請求の範囲、要約書及び図面）のページ数に基づき料金を納付する。

・実体審査請求の基本政府費用は7,000台湾ドルである。

・請求項が10項を超える場合、1請求項当たり800台湾ドルの追加費用が発生する。

・明細書、特許請求の範囲、要約書及び図面の合計が50ページを超える場合、50ページにつき500台湾ドルの追加費用が発生する。超過ページ数が50ページに満たない場合、50ページとして計算する。

　費用の計算方法をまとめると、以下の通りとなる。ここでn_1は請求項数、n_2は明細書、特許請求の範囲、要約書及び図面の合計ページ数である。

$$費用 = 基本費用7000 + 請求項800 \times (n_1 - 10) + 頁数500 \times \left(\frac{n_2}{50}\right)$$

$$ただし、n_1 \geqq 10, \quad n_2 \geqq 50、\left(\frac{n_2}{50}\right)は小数点以下切り捨て$$
$$(n_1 < 10の場合、n_1 = 10)$$

第二項　初審査、再審査

2.1　制度概要

台湾において実体審査は初審査と再審査の二段階に分けられる。

最初の実体審査を「初審査」と称する。初審査において拒絶査定が下された場合、出願人は「再審査」を請求することができる。再審査は、出願人のみが請求可能である。（なお実体審査請求は何人も請求可能であり、第三者により実体審査請求され、初審査で拒絶査定が下された場合も、再審査は出願人のみが請求可能である。）再審査においても拒絶査定が下された場合、出願人は経済部訴願審議委員会（上級庁）に対して訴願を提起することができる。

再審査は、出願人を保護する制度でもあり、同時に初審査に問題がないか否か改めて確認する制度でもある。また、訴願に進むための前置手続き

という位置付けもある。出願手続きにおける違法又は出願人不適格等の事由により出願が却下された場合に限り、再審査を経ることなく直接訴願を提起することができる[83]。

　ここで特に説明すべきことは、初審査及び再審査はいずれも台湾特許庁により審査が行われるが、再審査では本願を審査したことのない審査官を指定することである。また一般的に再審査においては経歴の長いベテラン審査官が割り当てられることが多い。

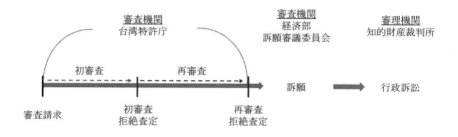

2.2　審査方式

　実体審査は原則として書面にて行われる。必要がある時、他の審査方式として面接審査や実物勘査等も行われる（詳しくは本節第三項を参照）。

2.3　初審査の審査事項

　初審査の審査事項は次のとおりである。各審査事項の内容については、後に述べる。

①　発明の定義（専利法第21条）

②　法により特許を受けることができない発明であるか否か（専利法第24条）

③　記載要件（専利法第26条）

---

[83]　専利法第48条

④　発明の単一性（専利法第33条）

⑤　産業上の利用可能性（専利法第22条第1項）

⑥　新規性（専利法第22条第1項）

⑦　拡大先願（専利法第23条）

⑧　先願主義（専利法第31条）

⑨　進歩性（専利法第22条第2項）

⑩　新規事項を追加する分割出願（専利法第34条第4項）

⑪　新規事項を追加する補正（専利法第43条第2項）

⑫　外国語書面の範囲を超えた中国語翻訳文（専利法第44条第2項）

⑬　外国語書面の範囲を超えた誤訳の訂正（専利法第44条第3項）

⑭　新規事項を追加する変更出願（専利法第108条第3項）

　初審査において、審査事項に関して拒絶理由が発見された場合、出願人に拒絶理由が通知される。出願人は拒絶理由通知で指定された期間内に、意見書又は補正書を提出し応答することができる。なお拒絶理由通知の応答期間は、在外者の場合は3ヶ月であり、この期間は一度に限り3ヶ月の延長が可能である。拒絶理由の通知は一度に限らず、複数回通知されることもある。また、日本同様に「最後の拒絶理由通知」も規定されているが、これについては後述する。

　審査官が審査事項に関し何ら拒絶理由を発見しないとき、又は拒絶理由通知に対する応答によって拒絶理由は全て解消されたと判断したときは、特許査定が下される。逆に、審査官が拒絶理由通知に対する応答によっては拒絶理由が解消しないと判断したときは、拒絶査定が下される。

2.3.1　初審査の所要期間

■特許の初審査所要期間

1）「平均FA期間」：審査請求から最初の審査結果（ファーストアクション）が出るまでの平均期間
2）「平均査定期間」：審査請求から査定書が出るまでの平均期間

出典：台湾特許庁年報[84]

2.4　再審査の流れ

　出願人は初審査での拒絶査定に対して不服がある場合、拒絶査定謄本送達日から2ヶ月以内に、再審査を請求することができる[85]。

　再審査では本願を審査したことのない審査官が指定される。また一般的に再審査においては経歴の長いベテラン審査官が割り当てられることが多い。

　再審査における審査事項は初審査と同様である。出願人は明細書、特許請求の範囲又は図面の補正をすることができる。初審査において最後の拒絶理由が通知されていた場合、再審査を請求する際の補正は、最後の拒絶理由通知における各号の規定[86]に列挙された事項に限られる。

---

[84]　2018年台湾特許庁
　　：https://www.tipo.gov.tw/public/Attachment/951513425687.pdf
[85]　専利法第48条
[86]　専利法第43条第4項

2.4.1　再審査処理期間

■特許の再審査所要期間

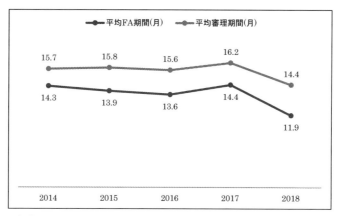

1）「平均FA期間」：再審査請求から最初の審査結果（ファーストアク
　ション）が出るまでの平均期間
2）「平均査定期間」：再審査請求から査定書が出るまでの平均期間

出典：台湾特許庁[87]

第三項　拒絶理由通知

3.1　拒絶理由通知の種類

１．最初の拒絶理由通知

　請求項ごとに審査を行った結果、拒絶理由を有すると判断した場合、審
査官はその理由を付した拒絶理由通知を送付して、出願人に期限内に意見
書を提出するよう通知しなければならない[88]。これを最初の拒絶理由通知
という。

　拒絶理由は以下のとおりである。2.3における初審査の審査事項と同一
である。

①　本願発明の認定を満たさない。（専利法第21条）

②　法により特許を受けることができない発明に該当する。（専利法第

---

[87]　2018年台湾特許庁
　　：https://www.tipo.gov.tw/public/Attachment/951513425687.pdf
[88]　専利法第46条第2項。

24条）

③　記載要件を満たさない。（専利法第26条）

④　発明の単一性を有しない。（専利法第33条）

⑤　産業上の利用可能性を有しない。（専利法第22条第1項）

⑥　新規性を有しない。（専利法第22条第1項）

⑦　拡大先願の要件を満たさない。（専利法第23条）

⑧　先願主義を満たさない。（専利法第31条）

⑨　進歩性を有しない。（専利法第22条第2項）

⑩　新規事項を追加する分割出願（専利法第34条第4項）

⑪　新規事項を追加する補正（専利法第43条第2項）

⑫　外国語書面の範囲を超えた中国語翻訳文（専利法第44条第2項）

⑬　外国語書面の範囲を超えた誤訳の訂正（専利法第44条第3項）

⑭　新規事項を追加する変更出願（専利法第108条第3項）

出願人の提出した意見書又は補正書では拒絶理由通知において指摘した拒絶理由が解消されなかった場合、又は最初の拒絶理由に対して、意見書や補正書が提出されなかった場合、審査官は拒絶査定を下すことができる。

2．最後の拒絶理由通知

(1)　初審査における最後の拒絶理由通知

最後の拒絶理由通知を行うことができる場合は以下のとおりである。

当該特許出願が拒絶理由通知を少なくとも1回受け、それに対して意見書提出又は補正を行ったところ、出願人の提出した意見書又は補正により全ての拒絶理由は解消したが、当該補正により新たな拒絶理由が発見され、更なる補正が必要な場合である。

専利法第43条第4項において、「最後の拒絶理由通知」は「必要のある時」に限って送付することができる、と規定されている。従って、当該特許出願が上記条件を満たす場合、審査官には最後の拒絶理由通知を送付するか

否かを決定する裁量権を有する。

　なお、日本では「最初の拒絶理由通知」に対する応答時の補正によって通知することが必要になった拒絶理由のみを通知する拒絶理由通知は「最後の拒絶理由通知」となるが、台湾ではこのような状況であっても通常の拒絶理由通知とするか、「最後の拒絶理由通知」とするかはあくまで審査官の裁量である。実務上、「最後の拒絶理由通知」を行うことができる場合であっても、実際に「最後の拒絶理由通知」が送付される状況はあまり多くないのが現状である。

　最後の拒絶理由通知を受けた後、出願人は通知された期間内において、次の事項についてのみ補正することができる。

一．請求項の削除。

二．特許請求の範囲の減縮。

三．誤記の訂正。

四．明りょうでない記載の釈明[89]。

(2) 再審査段階における最後の拒絶理由通知

　再審査において最後の拒絶理由通知を行うことができる場合は以下のとおりである[90]。

一．再審査が請求されたが補正は行われず、再審査の結果、依然として初審査段階の査定書における拒絶理由が完全に解消されない場合。

二．再審査が請求され補正も行われたところ、再審査の結果、依然として初審査段階の査定書における拒絶理由が完全に解消されない場合。

三．再審査が請求され補正も行われたところ、再審査の結果、初審査段階の査定書における拒絶理由が完全に解消されたが、補正の結果により新たな拒絶理由が発見された場合。

---

[89]　注 88 と同様。

[90]　専利審査基準第 2-7-3 ～ 2-7-4 頁。

四．初審査段階において最後の拒絶理由通知を受け拒絶査定がされた出願
　　について、再審査の際に行った補正が当該最後の拒絶理由通知による補
　　正制限に反する場合。

3.2　拒絶理由通知の回数

　一般的に拒絶理由は１度のみ通知される場合が多い。２回以上の拒絶理
由が通知される割合は、次頁に示す通り１割から２割にとどまる。

年度（西暦） 項目	2014	2015	2016	2017	2018
２回目（以上）の拒絶理由が通知された出願件数	5,261	5,473	6,545	5,555	4,959
１回目の拒絶理由が通知された出願件数	62,413	59,367	49,930	36,304	36,930
審査が請求された出願件数	41,252	40,475	38,382	40,124	41,991

出典：台湾特許庁[91]

3.3　拒絶理由通知に対する応答

3.3.1　応答期限

　拒絶理由通知の応答期限は、拒絶理由通知書の送達日から２ヶ月内（在
外人の場合は３ヶ月）である。この期間は１回に限り、２ヶ月（在外人の
場合は３ヶ月）の延長を請求することができる。なお延長請求をする場合
の政府費用は必要ない。

3.3.2　応答戦略

　拒絶理由通知に対する応答策として、基本的には拒絶理由通知における
拒絶理由に基づいて書面を提出し意見を述べ、必要があるとき補正を行
う。また、拒絶理由通知書の記載が明りょうでない場合や書面では意見を
説明するのが困難である等の事情がある場合、電話により審査官と話し合
うことができる。電話連絡により、意見書による応答の効率を向上させる

---

[91]　注84と同様

ことができる。電話によっても出願に係る技術内容又は事情を明らかにすることができない場合、出願人は面接を申請することができる。

第四項　面接審査

4.1　面接審査の利用

台湾では出願の審査及び無効審判の審理において書面審査制度が採られているが、出願人、無効審判請求人、被請求人は必要がある場合、面接を申請することができ、審査官も事件の詳細を理解するために出願人や無効審判請求人、被請求人に対し面接を求める通知をすることができる[92]。この面接制度を有効に活用することで、対象特許の技術内容を審査官に理解させ、さらに面接を通じて審査官の心証を探ることができる。そして補正、訂正をどの程度行うべきかについて知ることができ、特許査定へと導く又は特許権を存続させることが可能となる。面接においては、技術内容を示したパワーポイント資料を作成し、対象特許と引用文献との相違点を審査官に説明するのが通常である。

台湾特許庁は面接制度の品質及び効率を向上させるため、2017年4月から新しい特許面接制度を試行してきたが、この度2017年7月1日から新面接制度が正式に実施されるとともに、「専利面接作業要点」も改正されている。新しい面接制度の改正要点は以下の通りである。

4.2　面接の申請

出願の審査が始まってから査定が下されるまでの間は、面接の申請が可能である。同様に、無効審判が請求されてから審決確定までの間は面接の申請が可能である。

面接申請書には、争点を整理すべく、意思疎通を図りたいテーマを具体的かつ明らかに記載することが必要とされる。また、同文面に面接の対象となる請求項内容（どの時点での請求項内容か、補正や訂正後など）を記

---

[92]　専利法第42条

載することも必要である[93]。

4.3　面接場所

　台湾特許庁で審査官と面接を行う。又はテレビ電話を用いて面接を行うことも可能である[94]。

4.4　面接の進行

　面接では、台湾特許庁は当事者双方に面接の出席通知を出すとともに、一方の当事者が欠席してももう一方の当事者と単独で面接を行えることを通知する[95]。

　面接の時間は原則としては1時間であるが、指定された審査官の許可を得たうえで1時間延長することができる[96]。面接においては、実験データ、モデル又はサンプルを示したり、提供したりすることができる。

4.5　面接記録

　当事者は自ら持参したPCを用いて、双方の陳述を詳細に記載し面接記録表を作成することができる。面接において、台湾特許庁及び当事者は録音、録画することができる[97]。しかし、面接における録音、映像などの詳細記録は公開されない。ここで注意すべきことは、面接記録の内容は「禁反言」の証拠ともなり得るため、面接中の発言や作成する資料、面接記録については慎重に行わなければならない。

4.6　勘査

　審査官は職権又は出願人の請求により、出願人に対し必要な実験、モデ

---

[93]　専利面接作業要点第2点
[94]　専利面接作業要点第5点
[95]　専利面接作業要点第6点
[96]　専利面接作業要点第5点
[97]　専利面接作業要点第7点

ル補足又はサンプル補足をするよう通知をすることができる[98]。台湾特許庁は、必要があると認める場合に現場又は指定された場所へ出向き、勘査を行うことができる。

第五項　情報提供制度

5.1　概要

　台湾でも日本と同様の情報提供の制度、「第三者情報提供制度」が設けられている。この「第三者情報提供制度」を活用することで、ライバル企業の特許の権利化を阻止することができる。

　2013年1月1日専利法改正以前は、「第三者情報提供制度」は法律で明確に規定されていなかったが、台湾特許庁は実体審査中の出願に対して第三者が情報提供を行うことを許可していた。台湾特許庁は第三者から情報提供がされた場合、審査官は職権審査原則に基づきその内容を審査上の参考資料とすることができる。

　2013年1月1日に改正された専利法施行細則[99]において、「第三者情報提供制度」が明文化された。専利法施行細則第39条には「特許出願の公開後から査定前まで、出願に係る発明は特許を受けることができるものではないと考える場合、何人も台湾特許庁に意見を陳述し、理由及び証明書類を添付することができる。」と規定されている。

　また、情報提供の利用にあたり庁費用は不要である。

5.2　情報提供の対象及び情報提供のできる時期

　情報提供の対象は特許出願に限られており、実用新案や意匠は対象外である。情報提供のできる時期としては、公開してから査定前までであればいつでも行うことができる。

---

[98]　専利法第42条
[99]　専利法施行細則第39条

5.3　情報提供ができる者

　何人も情報提供を行うことができる。台湾特許庁は、匿名による情報提供を受理しないため、情報提供を行う場合、申請書に申請者の氏名又は名称及び住所又は居所を記載しなければならない。ここで、申請書における「秘密項目」欄をチェックすることで、申請者の氏名又は名称及び住所又は居所を非公開とすることができ、申請者の情報は台湾特許庁のみ明らかになるが、その他の者（対象出願の出願人等）には明らかにされない。

5.4　提出可能な資料

　提出可能な資料には特に制限はない。特許文献や一般的刊行物、実験報告書等いずれも提出可能である。

5.5　台湾特許庁の対応及び審査の流れ

　情報提供により提出された情報はあくまで参考資料にとどまり、台湾特許庁が応答する義務はない。台湾特許庁が第三者から提供された情報を拒絶理由として採用する場合は、法により、拒絶理由通知書に当該情報資料を添付し採用した理由を述べて出願人に送付し、応答する機会を与えなければならない（ただし当該拒絶理由が情報提供に基づくとは記載されない）。

図1　情報提供の審査の流れ

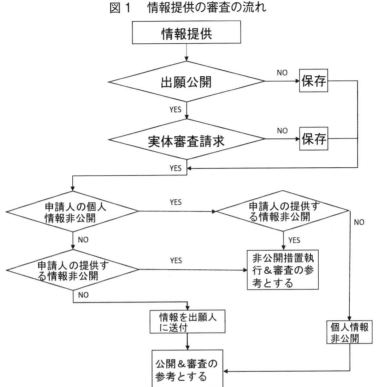

5.6　日本及び台湾における情報提供制度の比較：

日本と台湾の情報提供制度について、差異は次の表2のとおりである。

表2　日本及び台湾における情報提供制度の比較表

	日本	台湾
情報提供の対象	特許、実用新案	特許
情報提供ができる時期	出願後いつでも	公開後査定前まで
匿名による情報提供（刊行物等提出書に氏名、住所を記入しない）	可	不可 ※ただし、秘密にすることは可能。

第六項　早期審査

6.1　早期審査の種類

　台湾において特許出願を早期権利化させるための手段として、優先審査制度と加速審査制度がある。加速審査には「特許加速審査プログラム（AEP）」と「特許審査ハイウェイ（PPH）」がある。

	優先審査	加速審査（AEP）				PPH
		事由1	事由2	事由3	事由4	
法的根拠	専利法第40条	片務的プログラム（台湾）				日台相互協定
実施開始日	2002.10.26	2009.1.1	2010.1.1	2010.1.1	2014.1.1	2012.5.1
外国対応出願案件	×	○（特許査定済み）	○（JPO、EPO、USPTOよりOA通知済み）	×	×	○（基礎案の日本出願において、少なくとも1つの請求項が特許査定された又はされる見込み）
商業実施	○（第三者）	×	×	○（出願人）	×	×
効果（最初のOA発行までの期間、最新統計より）	10ヶ月	約6ヶ月	約6〜9ヶ月	約9ヶ月	約9ヶ月	約9.34ヶ月
政府費用	×	×	×	4,000台湾ドル	4,000台湾ドル	×
備考	公開後				グリーンエネルギー関連	

6.2　優先審査制度 [100]

6.2.1　優先審査の申請要件

（1）公開済み

（2）審査請求済み（優先審査と同時に審査請求可）

（3）第三者の商業的実施行為あり

---

[100] 専利法第40条

6.2.2　提出書類と申請手数料

(1)　申請書

(2)　第三者の商業的実施行為を証明する書面（カタログ等）

(3)　申請手数料は無料

6.2.3　審査期間：約10ヶ月

6.3　特許加速審査プログラム（Accelerated Examination Program, AEP）

6.3.1　申請要件

(1)　審査請求済み（審査開始通知書受領後であること）

(2)　次の事由の何れかに該当すること：

- 対応外国出願が特許査定されたもの（申請事由1）
- 対応外国出願（日、米、欧に限る）において、拒絶理由及び検索報告が通知されたもの（査定前）（申請事由2）
- 出願人による商業上の実施として必要であるもの（申請事由3）
- エコエネルギー技術関連の発明であるもの（申請事由4）

6.3.2　提出書類

	提出書類
申請事由1	■公告されたクレーム（中国語訳含む）、又は特許査定書と公告予定のクレーム（中国語訳含む） ■外国出願の審査過程における全ての拒絶理由通知書及び検索報告書※ ■対応外国出願のクレームと台湾出願のクレームとの相違点の説明(相違がない場合は省略可) ■拒絶理由通知書及び検索報告書で引用された非特許文献 （外国特許庁へ提出した意見書を提出することも可）
申請事由2	■拒絶理由通知の依拠とされたクレーム（中国語訳含む） ■拒絶理由通知書及び検索報告書※ ■対応外国出願のクレームと台湾出願のクレームとの相違点の説明(相違がない場合は省略可) ■拒絶理由通知で新規性又は進歩性が否定されている場合、台湾出願が特許性を有する理由の説明 ■拒絶理由通知書及び検索報告書で引用された非特許文献
申請事由3	■商業上の実施として必要であることを証明する書類。例えば、産品の写真、受験契約等。
申請事由4	エコエネルギー関連の発明に係る技術の説明又はそれを証明する書類

※　中国語又は英語以外の場合は、中国語の簡易説明が必要である。

6.3.3　申請手数料及び審査期間

	手数料	審査期間
申請事由1	無料	6ヶ月以内
申請事由2	無料	6ヶ月以内（クレーム相違なし） 9ヶ月以内（クレーム相違あり）
申請事由3	4,000台湾ドル	9ヶ月以内
申請事由4	4,000台湾ドル	原則9ヶ月以内

6.3.4　AEP申請人国別の統計

（件）

件数	台湾	日本	アメリカ	ドイツ	その他	合計
事由1	27	77	30	12	29	175
事由2	3	3	0	0	4	10
事由3	111	2	1	1	5	120
事由4	34	2	0	0	1	37
合計	175	84	31	13	39	342

出典：台湾特許庁[101]

：https://www.tipo.gov.tw/public/Attachment/951513425687.pdf

6.3.5　AEP 申請案の審査期間

■1回目の拒絶理由が通知される平均期間（日）　■平均審査期間（日）

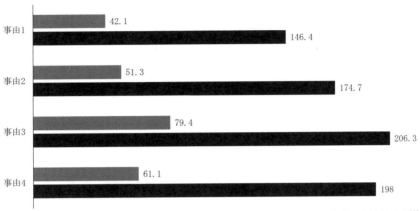

出典：台湾特許庁[102]

6.4　特許審査ハイウェイ（Patent Prosecution Highway，PPH）

　現在、台湾はアメリカ、日本、スペイン、韓国、ポーランド、カナダの
6ヶ国とそれぞれ PPH 提携プログラムを実施している。

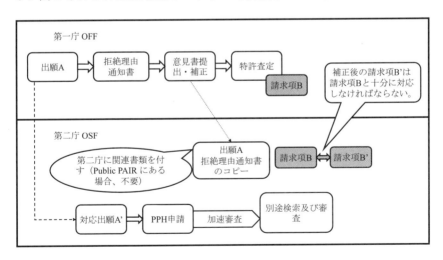

---

[102]　注 101 と同様

6.4.1　申請要件

（1）審査請求済み（審査開始通知書受領後であること）、かつまだ拒絶理由が通知されていないこと

（2）台湾出願及び対応日本出願が同じ国際上の最先の出願の出願日（earliest date）を有する（以下、例）

　　①　日本出願を優先権主張の基礎とする台湾出願

　　②　日本を指定国とする PCT 出願を優先権主張の基礎とする台湾出願

　　③　日本出願の優先権主張の基礎である台湾出願

　　④　日本出願と同じ優先権を主張する台湾出願

（3）対応日本出願が、日本特許庁によって特許可能と判断された請求項を少なくとも1項含む

（4）台湾出願の全ての請求項が、日本国特許庁によって特許可能と判断された請求項に充分に対応する

6.4.2　要件を満たす出願 - 台日 PPH を例として

（1）日本出願を優先権主張の基礎とする台湾出願

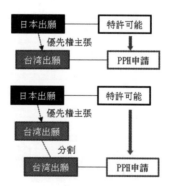

（2）日本を指定国とする PCT 出願を優先権主張の基礎とする台湾出願

　　※当 PCT 申請案は優先権主張していないものである

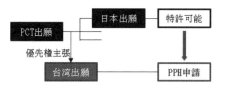

(3) 日本出願の優先権主張の基礎である台湾出願

(4) 日本出願と同じ優先権を主張する台湾出願

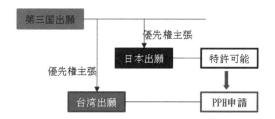

6.4.3　提出書類

(1) 日本国特許庁発行の対応日本出願の全ての OA 及びその翻訳文（中国語訳又は英語訳）の写し

以下の書類が挙げられる。

- 特許査定（Decision to Grant a Patent）
- 拒絶理由通知書（Notification of Reason for Refusal）
- 拒絶査定（Decision of Refusal）
- 審決（Appeal Decision）

※日本国特許庁が JPO AIPN（高度産業財産ネットワーク）より取得可能な場合は省略可

(2) 特許可能と判断された特許請求の範囲及びその翻訳文（中国語訳又は英語訳）の写し

　　※日本国特許庁が JPO AIPN（高度産業財産ネットワーク）より取得
　　　可能な場合は省略可

(3) 日本の審査時に引用された非特許文献（引用文献が特許文献であれば
　　提出不要）

(4) 請求項対応表

6.4.4　台湾における PPH の統計資料

期間：2018年7月～12月

	PPH申請案件	全出願
特許査定率（%）	96.4	79.5
First Actionでの特許査定率（%）	38.6	7.8
PPH申請からFirst Actionまでの平均期間（月）	1.24	8.68
PPH申請から最終処分までの平均期間（月）	3.72	13.90
平均OA回数	0.62	1.05

1) 特許査定率：(特許査定件数)/(特許査定件数)+(拒絶査定件数)
2) 特許査定率：(FA時の特許査定件数)/(特許査定件数)+(拒絶査定件数)
3) PPH申請からFAまでの平均期間：期間中に最初の審査結果が発行された出願の平均期間
4) PPH申請から最終処分までの平均期間：期間中に最終処分が発行された出願の平均期間
5) 平均OA回数：(期間中に最終処分が発行された出願のオフィスアクションの合計回数)/(期間中にオフィスアクションが発行された出願件数)

参考 URL：台湾特許庁[103]

2018年の PPH 利用状況　　　　　　　（件）

台アメリカ	台日	台スペイン	台韓	台ポーランド	台カナダ
457	437	1	18	0	2

---

[103]　台湾特許庁 107 年 7-12 月 PPH 審査関連情報
　　　：https://www.tipo.gov.tw/dl.asp?filename=932011131071.pdf
[104]　注 101 と同様

第三節　補正、分割、出願変更、誤訳訂正

第一項　補正

1.1　補正の時期的要件

出願人は、以下のいずれかの時期に、明細書等について補正を行うことができる[105]。

(1) 実体審査が始まってから拒絶理由が通知されるまで

(2) 初審査段階で拒絶理由が通知された後、通知書で指定された期間内

(3) 初審査での拒絶査定後、再審査の請求と同時

(4) 再審査段階で拒絶理由が通知された後、通知書で指定された期間内

1.2　補正の対象

補正の対象は明細書、特許請求の範囲、要約書及び図面である。明細書の補正については、以下の点に注意する。

実施例に対する補正に関し、明細書及び図面に記載されていない又は記載不足の実施例であっても特許請求の範囲には明示的に記載されているものであれば、当該実施例を明細書及び図面に記載する補正は認められる。一方、当初明細書における発明を実施するための形態の開示が不十分であるか又は少ないため、当業者が発明を実施できない又はその結果を予測できない場合、発明の効果を証明するために新たな実施例（たとえそれが最良な実施例だとしても）を追加する補正は、当初明細書、特許請求の範囲又は必要な図面に記載した事項の範囲を超えるものと見なされるため認められない[106]。

---

[105]　専利法第 43 条
[106]　専利審査基準第 2-6-7 頁

1.3　補正の客体的要件

(1)　最後の拒絶理由通知がされる前

　補正は誤訳の訂正を除き、当初明細書、特許請求の範囲又は必要な図面に記載した事項の範囲内においてしなければならない[107]。即ち、新規事項（new matter）を追加する補正は許されない[108]。「当初明細書、特許請求の範囲又は必要な図面に記載した事項の範囲」には、当業者が当初明細書、特許請求の範囲又は必要な図面に記載した事項により直接的かつ一義的に（directly and unambiguously）導き出せる事項を含む。

　出願時に外国語書面を提出し中国語翻訳文を後から提出した場合（外国語書面出願）、中国語翻訳文に記載した内容は外国語書面に記載した事項の範囲を超えてはならない。また、中国語翻訳文に誤訳があった場合、誤訳部分を訂正するために、誤訳の訂正を行うことができる。ただし、誤訳の訂正は外国語書面に記載した事項の範囲を超えてはならない。

(2)　最後の拒絶理由通知がされた後

　最後の拒絶理由通知を受けた後における特許請求の範囲の補正は、下記の事項を目的とするものに限られる[109]。

一．請求項の削除

二．特許請求の範囲の減縮

三．誤記の訂正

四．明瞭でない記載の釈明

1.4　認められる補正の例 [110]

(1)　当初明細書及び必要な図面の記載から自明な事項を発明特定事項とし

---

[107]　専利法第 43 条第 2 項
[108]　専利審査基準第 2-6-1 頁
[109]　専利法第 43 条第 4 項
[110]　専利審査基準第 2-6-8 〜 12 頁

て請求項に追加し、請求項の発明特定事項を下位概念化する補正

(2) 明細書に記載されている一部の対象又はもう一つの実施例が特許請求の範囲に含まれていない場合、当該対象又は実施例を請求項に追加する補正

(3) 明細書に明示的に記載された数値範囲を、特許請求の範囲に追加する補正

(4) 請求項に記載された数値範囲の上限、下限等の境界値を変更して新たな数値範囲とする補正は、以下の（ⅰ）及び（ⅱ）の両方を満たす場合に許される。

（ⅰ）新たな数値範囲の境界値が当初明細書等に記載されていること。

　　　例えば、原特許請求の範囲では化学反応の反応条件がpH＝6～12であること、明細書における実施例では好ましい範囲がpH＝6～8であることが記載されている場合、先行技術においてpH＝10～12という反応条件が開示されているため、より広い範囲で限定されたpH値の新規性が否定される際、特許請求の範囲をpH＝6～8の範囲に限定する限定補正は認められる。しかし、明細書ではpH＝6～9という数値が明確に記載されていないため、特許請求の範囲をpH＝6～9の範囲に限定する限定補正は認められない。

（ⅱ）新たな数値範囲が当初明細書等に記載された数値範囲に含まれていること。

　　　当初数値範囲を実施例に記載された数値範囲に減縮又は拡大する補正、実施例に記載された具体的な数値を組み合わせて新たな数値範囲とする補正、引用発明と重なった数値範囲を除外する（除くクレーム）補正等。

　　　例えば、原特許請求の範囲において温度が20℃～90℃であることが記載されている以外、出願時の明細書又は特許請求の範囲において20℃～90℃の範囲内の特定数値40℃、60℃及び80℃が記載されている場合、特許請求の範囲における温度範囲を40℃～80℃、60℃～80℃又は60℃～90℃に限定する限定補正は認められる。

(5) プロダクト・バイ・プロセス・クレーム（物の発明についての請求項にその物の製造方法が記載されている場合）において、物の発明に係る一部の物理化学データが当初明細書又は図面の中に記載されている場合、当該物理化学データを請求項に追加する補正

(6) 上位概念又は下位概念への変更

　例えば、下位概念の「ソース及びドレーンを構成するドープ拡散領域から」を上位概念の「ソース及びドレーンを構成するドープ領域から」へと変更する場合、出願時の明細書、特許請求の範囲又は図面では本発明において構成される活性領域の半導体層は特殊な材料から構成される特殊構造であることが記載されているため、原請求項では「ドープ拡散領域」からソース及びドレーンを構成するという下位概念が記載されているが、如何なるドープ領域であってもソース及びドレーン領域を構成できることを示すに足ることは明らかであることから、下位概念自身に含まれる限定用語「拡散」の削除は認められ、上位概念への変更が発明の技術的意義に影響を及ぼすことはない。

(7) 請求項の記載形式をジェプソン型から構成要件列挙型に変更する、又は構成要件列挙型からジェプソン型に変更する補正

(8) ジェプソン型請求項の特徴部に記載された先行技術と共通する部分を公知部に記入する、又は公知部に記載された先行技術と相違する部分を特徴部に記入する補正

第二項　出願の分割

2.1　分割の時期的要件

以下のいずれかの時期に、特許出願の分割を行うことができる[111]。

(1) 初審査又は再審査の査定前

(2) 特許査定書送達後3ヶ月以内（初審査、再審査を問わず）

　　（実用新案も登録査定（処分）後、特許同様の期限内に分割が可能。）

---

[111]　専利法第34条第2項

　分割は拒絶理由通知で発明が単一性の要件を満たさないと指摘された時や、一部の請求項が特許請求の範囲の記載要件又は特許要件を満たさない時に活用されている。

2.2　分割の主体的要件

　原出願の出願人と分割出願の出願人とは、分割時において一致していなければならない。出願人が異なる場合は、原出願の出願人が原出願の特許を受ける権利を譲渡することによって、原出願の出願人と分割出願の出願人を一致させなければならない[112]。一方、本出願の特許を受ける権利を2人以上の者が共有する場合は、共有者全員で連署し、分割を行わなければならない。ただし、代表者の定めがある場合は、その定めに従う[113]。

2.3　分割の形態

形態1：原出願（親出願）の請求項の一部を分割出願（子出願）とする[114]。

形態2：原出願（親出願）の明細書に記載された一部の内容を分割出願（子出願）の請求項とする[115]。

2.4　分割の内容的制限

　分割は、元の出願の明細書又は図面で開示された発明で且つ特許査定となった請求項に係る発明と同一でないものから、行わなければならない。また、元の出願において特許査定が下された明細書、特許請求の範囲又は図面を変更してはならない。

---

[112]　専利審査基準第 1-13-1 頁
[113]　専利法第 12 条
[114]　専利審査基準第 2-10-1 頁
[115]　前注と同様

2.5　分割の効果

　子出願は親出願の出願日を援用することができ、親出願にて優先権、新規性喪失の例外又は微生物寄託が主張されていた場合は、子出願でもこれを主張することができる[116]。

第三項　出願変更

　出願の変更とは、出願を行った後に出願の形式（特許、実用新案及び意匠）を変更することをいう。適法に出願の変更がされた場合、変更後の出願に係る出願日は原出願の出願日に遡及するという効果が生じる。

3.1　出願変更の時期的要件

　出願の変更は、以下のいずれかの時期に行うことができる[117]。
（1）原出願の査定謄本送達日前
（2）原出願が特許又は意匠である場合、拒絶査定謄本送達日から2ヶ月以内
（3）原出願が実用新案出願である場合、拒絶査定謄本送達日から30日以内
　拒絶査定謄本が送達された後は、再審査又は変更のいずれか1つしか行うことができない。再審査と出願変更を同時に行った場合、出願変更は却下される[118]。

3.2　出願変更の主体的要件

　原出願の出願人と変更出願の出願人とは、出願の変更時において一致していなければならない。出願人が異なる場合は、原出願の出願人が原出願の特許を受ける権利を譲渡することによって、原出願の出願人と変更出願の出願人を一致させなければならない[119]。

---

[116]　前注と同様
[117]　専利法第108条第2項、第131条第2項、第132条第2項
[118]　専利審査基準第1-13-3頁
[119]　前注と同様

3.3　出願変更の態様

出願変更の態様は以下の（1）〜（5）がある[120]。意匠から特許への変更は認められていない。

（1）特許から実用新案への変更。

（2）特許から意匠への変更。

（3）実用新案から特許への変更。

（4）実用新案から意匠への変更。

（5）意匠から実用新案への変更。

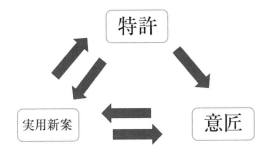

3.4　出願変更の繰り返しは禁じられている

一旦変更出願を行った際、原出願の実体審査において最初の拒絶理由が通知されていた場合、「審査の重複は禁ずる」という法理に基づき当該変更出願を再度原出願の種類に変更することはできない（例えば、特許から実用新案に変更後、再度特許へ変更）。一方、原特許出願の実体審査がまだされていない場合は、一旦実用新案へ変更後に、再度特許出願へと変更することができる[121]。

3.5　出願変更の効果

変更出願は原出願の出願日を援用することができ、原出願にて優先権、新規性喪失例外、微生物寄託が主張されていた場合は、変更出願でもこれ

---

[120]　専利法第 108 条第 2 項、第 131 条第 2 項、第 132 条第 2 項

[121]　専利審査基準第 1-13-4 頁

を主張することができる[122]。

第四項　誤訳の訂正

4.1　誤訳の訂正の時期的要件

　補正の態様の1つに誤訳の訂正がある。出願時に明細書、特許請求の範囲及び必要な図面として中国語翻訳文でなく外国語書面が提出され、かつ指定期間内に中国語翻訳文が提出された出願（外国語書面出願）では、外国語書面の提出日が出願日とされる。中国語翻訳文は、出願時の外国書面で記載されている範囲を超えてはならない[123]。当該中国語翻訳文について、後に誤訳が発見された場合、出願人は誤訳の訂正を目的とする補正又は訂正を行うことができる[124]。

4.2　誤訳の訂正の実体的要件

4.2.1　補正段階

(1) 誤訳に該当する。

(2) 出願時の外国語書面で開示されている範囲を超えてはならない[125]。

　誤訳の訂正は、誤訳された中国語の単語又は文について行うものであり、当該中国語の単語又は文は、外国語の単語又は文に対応しなければならない。誤訳の有無の判断は外国語書面を比較対象とし、誤訳の訂正は出願時の外国書面で記載されている範囲を超えてはならない。

　通常認められる誤訳の訂正は以下の通りである。

　1．中国語翻訳文において正確に又は完全に翻訳されていない場合

---

[122]　前注と同様
[123]　専利法第 25 条第 3 項
[124]　専利法第 44 条第 3 項
[125]　専利法第 44 条第 3 項

　例えば、外国語書面の内容は「...金、銀、銅、鉄...」であり、中国語翻訳文の対応内容は「...金、銀、銅...」である。

2．単語の意味の誤訳がされている場合
　1) 例えば、外国語書面の内容は「32℃」であり、中国語翻訳文の対応内容は「32°F」であった場合。
　2) 例えば、外国語書面の内容は「sixteen」であり、中国語翻訳文の対応内容は「60」であった場合。
　3) 例えば、外国語書面の内容は「...above 90℃...」であり、中国語翻訳文の対応内容は「...90℃...」であった場合。

3．文法構造の誤解による誤訳がされている場合
　外国語書面において上位概念 A 並びにその下位概念 a1、a2 及び a3 が記載されており、中国語翻訳文において上位概念 A は記載されているがその下位概念として a1 及び a2 しか記載されていない場合、誤訳の訂正を行うことにより a1 及び a2 を、a1、a2 及び a3 に訂正することができる。
　また、外国語書面において装置が部品 A、B 及び C を含むと記載されているが、中国語翻訳文において当該装置が部品 A 及び B を含むと記載されている場合、当該中国語翻訳文は外国語書面で記載されている範囲を超えており、誤訳の訂正を行うことにより A 及び B を、A、B 及び C に訂正することができる。

注意．段落の欠落は誤訳の訂正が認められない
　外国語書面における一部の段落、例えば【0004】段落から【0007】段落までの内容が中国語翻訳文において欠落していた場合、これは外国語の単語又は文を中国語に翻訳する過程中の誤りに該当しないため、誤訳の訂正は適用されない[126]。

4.2.2　訂正段階において

　訂正段階における誤訳の訂正は、補正段階における誤訳の訂正とは異な
り、出願時の外国語書面で記載されている範囲を超えてはならない他、公
告時の特許請求の範囲を実質的に拡張したり変更したりしてはならな
い[127]。よって、訂正段階において行われる誤訳の訂正は、認められる可能
性が低い。

第三章　専利権

第一節　専利権の設定登録及び維持

第一項　専利権の設定登録

(1) 費用の納付及び公告（実用新案、意匠も同様）

　特許査定や登録査定が下された専利出願は、出願人が査定書の送達日から3ヶ月以内に証書料及び第1年の登録料を納付した後に公告される。出願人は複数年の登録料を納付することも可能である。そして、公告日より専利権が発生し、証書が交付される[1]。

　出願人が上記期間内に証書料及び第1年の登録料を納付しなかった場合、当該専利出願は公告されず、出願人は専利権を取得できない。

(2) 公告の延期請求

　出願人は専利の公告の延期を望む場合、証書料及び第1年の登録料の納付と同時に、台湾特許庁に対して公告の延長請求を行うことができる。延長期間は、6ヶ月を超えてはならない[2]。

(3) 登録料の減免

• 減免対象の要件

　製造業、建設業、鉱業及び土石採取業の払込資本金が8,000万台湾ドル以下、又は従業員が200人未満。

　上記以外の業種では、前年度の売上が1億台湾ドル以下、又は従業員が100人未満。

---

[1]　専利法第52条第1項、第2項
[2]　専利法施行細則第86条

　出願人が自然人の場合も減免の対象となる。なお、外国人であっても対象である。

　また、台湾国内の学校及び海外の学校のうち台湾教育部が承認するものも減免の対象となる。

　減免対象の要件を満たしていれば、専利証書交付手続き時の申請書において減免対象者の種類にチェックを入れ、減免後の金額を納付する。

　なお、台湾特許庁が減免対象要件を満たすか疑わしいと判断した場合、台湾特許庁から減免対象要件を満たすことを証明する書類（履歴事項全部証明書）の提出を要求される可能性がある。

・減免の額
　第１〜３年は毎年800台湾ドル、第４〜６年は毎年1,200台湾ドルが減免される。

	納付年	納付金額（台湾ドル）	
		一般	減免対象者
特許	1〜3年／毎年	2,500	1,700
	4〜6年／毎年	5,000	3,800
	7〜9年／毎年	8,000	減免制度なし
	10年以上／毎年	16,000	
実用新案	1〜3年／毎年	2,500	1,700
	4〜6年／毎年	4,000	2,800
	7年以上／毎年	8,000	減免制度なし
意匠	1〜3年／毎年	800	0
	4〜6年／毎年	2,000	800
	7年以上／毎年	3,000	減免制度なし

(4) 納付期限徒過の場合の救済
　専利法第52条において規定される「…査定書の送達日から３ヶ月以内…」

という期間は、法定不変期間に該当する。即ち、出願人がその期間内に上記費用を納付しないときは、その手続きを却下しなければならない。

　しかし、出願人が故意でない事由により上記期間内に上記の費用を納付しなかった場合を考慮すると、専利権回復の可能性を適宜保留しなければならない。よって、出願人が納付期間の経過後6ヶ月以内に証書料及び2倍の第1年の登録料を納付すれば、専利の公告を行うことが特別に認められている。

第二項　専利権の維持

(1) 登録料の納付

　登録料は専利公告日から起算する。第1年の登録料は、査定書の送達日から3ヶ月以内に納付しなければならない。第2年以後の各年分の登録料は、前年以前に納付しなければならない。

　また、証書料納付時及びその後のいずれにおいても、数年分の登録料をまとめて納付することができる。なお、登録料の料金値上げがあった場合、既に納付済みの登録料について差額を改めて納付する必要はない。一方、登録料の料金値下げがあった場合、既に納付済みの将来分の登録料については、差額の返還を受けることができる。

(2) 登録料の追納

　専利権者が故意でない事由により期間内に登録料を納付しなかった場合、その期間の経過後6ヶ月以内に追納することができる。登録料を追納する際、納付できる期間の経過後の期間により一月を単位として割増登録料が発生する。納付できる期間の経過後の期間及びそれにより発生する割増登録料は以下のとおり。

- 1日以上1ヶ月以内　　：納付すべき登録料の20%。
- 1ヶ月以上2ヶ月以内：納付すべき登録料の40%。
- 2ヶ月以上3ヶ月以内：納付すべき登録料の60%。
- 3ヶ月以上4ヶ月以内：納付すべき登録料の80%。

• 4ヶ月以上6ヶ月以内：納付すべき登録料の100%。

（3）専利権の回復

　専利権者が故意でない事由により追納期間内に登録料を納付しなかった場合、追納期間の経過後1年以内に3倍の登録料金を納付したうえで専利権の回復を申請することができ、台湾特許庁はその回復を公告する。

第二節　存続期間及び存続期間の延長

　医薬品、農薬品又はその製造方法などの発明について、公告を経て特許権を取得すれば当該特許発明を実施できるというものではなく、その他の法律により主務官庁から販売許可（薬事承認）を取得しなければ実施することができない。つまり、特許権者が実際に特許発明を実施することができる期間は影響を受けることになる。従って専利法では、特許権者の権益を保障するために、1回目の許可証により特許権の存続期間延長登録の出願ができることを認めている。

　台湾特許庁は2018年4月1日に改正された「専利権期間延長核定辦法」及び「専利権期間延長審査基準」を2019年11月1日に施行した。改正後の内容では関連規定が大きく変更された。以下に詳しく紹介する。

第一項　存続期間

　特許権、実用新案権、意匠権の存続期間は出願日から起算する。

特許	実用新案	意匠
20年	10年	15年 * （関連意匠と本意匠の存続期間は同時に満了）

（*改正前は意匠権の存続期間は12年であった。）

第二項　特許権の存続期間の延長

(1) 存続期間が延長できる特許の種類

医薬品、農薬品又はその製造方法の発明に係る特許に限る[3]。

- 医薬品は、薬事法規定を満たすものであって、動物用薬品に及ばないものでなければならない[4]。
- 実用新案及び意匠については医薬品又は農薬品に関わるものであっても、存続期間延長登録の出願をすることができない。

(2) 延長登録の出願人

特許権者に限る。ただし、特許権者が特許権について専用実施権を設定したときは、当該専用実施権者も延長登録の出願人となり得る[5]。

(3) 延長登録の出願ができる法定期間

特許権の存続期間延長登録の出願は、1回目の許可証の取得日から3ヶ月以内に台湾特許庁へ行わなければならない。但し、特許権の存続期間満了前の6ヶ月以内は行うことができない[6]。

(4) 必要書面

願書、1回目の許可証、許可証を取得するための試験時間の証明資料などが必要である。

ｉ．1回目の許可証とは

1回目の許可証とは、同一の有効成分（active ingredient）及び同一の用途に基づき取得した最初の許可証のことである[7]。

---

[3] 専利法第 53 条第 1 項
[4] 専利法第 53 条第 3 項
[5] 専利審査基準第 2-11-2 頁
[6] 専利法第 53 条第 4 項
[7] 専利審査基準第 2-11-3 頁

ii．1回目の許可証に係る有効成分及び用途と特許請求の範囲との関連性
の認定[8]

特許請求の範囲	存続期間の延長登録出願の基礎となる許可証の記載	
化合物に係る請求項 （化合物 A 又はその塩基、エステル、水和物、異性体を含む）	1回目の許可証記載の有効成分は特許請求の範囲で包含されていなければならない。	
用途クレーム（用途発明）	特定な用途又は薬理機構で特許請求の範囲を特定することができるが、薬理機構と特定病症との関係を説明しなければならない。明細書に記載されている場合、当該記載部分を表明しなければならない。	
組成物に係る請求項	開放式	特許請求の範囲で明確に記載されたものに限らない。
	閉鎖式	特許請求の範囲で明確に記載されたものに限る。
製造方法に係る請求項	1回目の許可証記載の有効成分は、特許請求の範囲において少なくとも一つの請求項に係る製造方法により製造されたもので包含されていなければならない。	

iii．2018年4月1日改訂後の審査基準と旧審査基準における「関連性」に
対する要求の比較表

請求項の態様	1回目の許可証	延長登録出願の適格性	
		改訂前	改訂後
化合物 A	有効成分：a+b[※] 【a は A の範囲内に含まれ、b は B の範囲内に含まれる】 適応症：骨がんの治療	✕	✕
化合物 A を含む、抗癌組合物 （開放式クレーム）		✕	✓
A と B から構成される、抗癌組合物 （閉鎖式クレーム）		✓	✓

*a＋bの組合せは、a又はbについてかつて延長登録出願がされたか否かの影響を受けない。
「✓」は請求項の態様が延長登録の適格性を有することを示す。
「✕」は請求項の態様が延長登録の適格性を有しないことを示す。

8　専利審査基準第 2-11-11 ～ 12 頁

対象請求項	【請求項1】 化合物A。
	【請求項2】 化合物aである、請求項1に記載の化合物A。（aはAの範囲に含まれる）
1回目の許可証	【処方】 化合物aのベンゼンスルホン酸塩...X g（化合物a...Y gに相当）
	【適応症】 痛み止め

改正前

・1回目の許可証【処方】欄に記載の有効成分は化合物a（自由状態）に相当するため、化合物aと請求項に係る化合物とを比較する。化合物aが請求項1及び請求項2に限定される範囲内で包含されている場合、両者は対応していると認定する。

改正後

・請求項1、請求項2において化合物Aの塩基について記載がないため、許可証に記載された化合物aのベンゼンスルホン酸塩は請求項1、2の範囲で包含されてない。

(5) 延長可能期間

　延長可能期間は「日」を単位とし、中央目的事業主務官庁から許可証を取得するためにその特許発明の実施をすることができない期間を超えてはならない。許可証を取得する期間が5年を超える場合であっても、延長期間は5年を限度とする[9]。

---

[9]　専利法第53条第2項
[10]　専利権期間延長核定辦法第4条
[11]　専利審査基準第 2-11-22 頁

① 延長期間の計算[10]

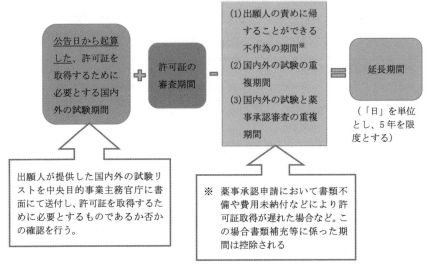

出願人が提供した国内外の試験リストを中央目的事業主務官庁に書面にて送付し、許可証を取得するために必要とするものであるか否かの確認を行う。

※ 薬事承認申請において書類不備や費用未納付などにより許可証取得が遅れた場合など。この場合書類補充等に係った期間は控除される

② 臨床試験期間の計算基準[11]

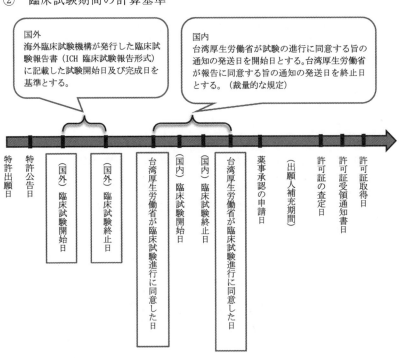

(6) 延長できる回数

1特許につき1回のみ延長することができる。また、1回目の許可証により特許権の存続期間の延長を行うことができるのも1度のみである[12]。

(7) 延長の効果

特許権の存続期間の延長が許可された場合、その特許権の存続期間が延長された範囲は、許可証に記載された有効成分及び用途に限定された範囲のみに及び、特許請求の範囲には記載されたが許可証には記載されていないその他の物、その他の用途又はその他の製造方法には及ばない[13]。

第三節　特許権の譲渡等

第一項　譲渡

特許を受ける権利及び特許権は譲渡の対象にすることができる[14]。特許を受ける権利を有する者／特許権者が特許を受ける権利／特許権を他人に譲渡した場合はその権利を失い、譲受人が当該権利を承継する。

(1) 登録対抗制度

特許を受ける権利又は特許権の譲渡は契約の一種であり、書面は効力発生要件とされておらず、当事者双方が合意に達すれば効力が生ずる。ただし、第三者に対して法律上の権利を主張するためには、譲渡人又は譲受人は、台湾特許庁に特許を受ける権利／特許権の譲渡登録申請をしなければならない。即ち、専利法は、特許を受ける権利又は特許権の譲渡について「登録対抗制度」を採用している[15]。

---

[12] 専利法第53条第1項
[13] 専利法第56条
[14] 専利法第6条第1項前半
[15] 専利法第62条第1項

（2）申請書面及び手数料

	台湾		日本	
	特許を受ける権利	特許権	特許を受ける権利	特許権
申請人	譲渡人又は譲受人		承継人又は譲渡人	登録権利者（譲受人）と登録義務者（譲渡人）の共同申請
書面	■特許を受ける権利／特許権譲渡登録申請書 ■譲渡契約書又はその他の証明書面 ■共有者同意書（特許を受ける権利／特許権が共有に係るとき）		■出願人名義変更届 ■権利の承継を証明する書面（譲渡証書／同意書等）	■移転登録申請書 ■譲渡証書
手数料	2,000台湾ドル		一般承継：不要 特定承継：4,200円	特許：15,000円／件 実用新案・意匠 ：9,000円／件

（3）譲渡契約（譲渡証書）
• 登録義務者（譲渡人）及び登録権利者（譲受人）を記載する。
• 譲渡の対象（特許出願番号／特許番号／発明の名称）を記載する。

第二項　実施権

　特許権者はその特許権について他人に専用実施権の設定、通常実施権の許諾を行うことができる。

2.1　実施権の種類
（1）専用実施権（Exclusive License）

　特許権者はその特許権について専用実施権を設定すると、自ら当該特許発明を実施する権利及び他人に実施権を設定、許諾する権利を失う。専用実施権者（被授権者）は、設定された範囲内において当該特許発明を実施する権利を専有し、かつその設定された専用実施権についてさらに第三者へ実施権の設定、許諾を行うことができる（これを台湾では「再授権」と呼ぶ)[16]。

(2) 通常実施権（Non-Exclusive License）

　特許権者はその特許権について通常実施権を設定したとしても、当該特許発明を実施でき、他人に実施権を設定、許諾することもできる。通常実施権者（被授権者）は、許諾された範囲内において当該特許発明を実施する権利を有するが、その許諾された通常実施権についてさらに第三者へ実施権の設定、許諾を行うことはできない[17]。以下は専用実施権と通常実施権の権利内容を比較した表である。

権利内容	専用実施権	通常実施権
特許権者は当該特許発明を実施できる。	×	○
特許権者は他人に実施権を設定、許諾できる。	×	○
実施権者は他人に実施権を設定、許諾できる。	○	×
実施権者は当該権利の侵害者に対して、侵害の差止め及び損害賠償を請求できる。	○	×
登録対抗制度	○	○

(3) ソールライセンス（Sole License）

　ソールライセンスとは、特許権者が実施権をある者へのみ設定し、他者へは実施権を設定しないものを指す。即ち、特許権者はソールライセンスを設定した場合、別の他人に実施権の設定、許諾をすることができないが、特許権者が当該特許発明を実施することはできる。

(4) クロスライセンス（Cross License）

　特許権者同士が相互に実施許諾を認めるライセンスを指す。クロスライセンスは、特許権侵害を避ける場合や、特許権者が相互に特許に係る技術を提供し互いの特許に係る優勢をもって共同開発をする場合に用いられることが多い。

---

[16]　専利法第62条、第63条第1項
[17]　専利法第63條第2項

2.2　実施権設定登録

(1)　登録対抗制度

　実施権の設定、許諾は契約の一種であり、書面は効力発生要件とされておらず、当事者双方が合意に達すれば効力が生ずる。ただし、第三者に対して法律上の権利を主張するためには、特許権者又は実施権者は、台湾特許庁へ実施権／再授権登録を申請しなければならない。即ち、専利法は、実施権の許諾、設定について「登録対抗制度」を採用している[18]。

(2)　申請書面及び手数料

	台湾	日本	
		通常実施権	専用実施権
申請人	登録義務者（特許権者）又は登録権利者		登録義務者（特許権者）と登録権利者（専用使用権者）との共同申請
申請書面	■授権／再授権登録申請書 ■授権／再授権契約書又はその他の証明書面 ■共有者同意書（特許権が共有に係るとき）	（2012年4月2日以降、仮通常実施権及び通常実施権は当然対抗制度が採用。）	■専用実施権設定登録申請書 ■専用実施権設定契約証書 ■専用実施権設定による共有者の同意書（特許権が共有に係るとき）
手数料	2,000台湾ドル		特許：15,000円／件 実用新案・意匠：9,000円／件

第三項　放棄、質権設定、信託

3.1　放棄

　特許権者は、その特許権を放棄しようとするとき、書面により放棄の意思を表示することで、特許権を放棄することができる。当該特許権は、その放棄意思を表示した日から消滅する（将来効)[19]。

---

[18]　専利法第62条第1項
[19]　専利法第70条第1項第4号

特許権について専用実施権者、質権者又は通常実施権者があるときは、実施権者及び質権者の権益を守るために、これらの者の承諾を得なければ特許権を放棄することができない[20]。

3.2　質権設定

特許権者が債務者であるような場合、債権の担保のためその特許権を対象として質権を設定し、債権者にその特許権について他の債権者に先立って自己の債権の弁済を受ける権利を付与することができる。ただし、特許権を対象として質権を設定したときは、質権者は、契約で別段の定をした場合を除き、当該特許発明の実施をすることができない[21]。

特許権の質権設定は、台湾特許庁に対して登録申請を行わなければ、第三者に対抗することができない[22]。特許権者又は質権者が質権の登録申請をすることができる。ただし、特許権が共有に係るときは共有者の全員が同意しなければ質権設定の効力は生じない[23]。

a. 申請書面及び手数料

	台湾	日本
申請書面	■質権設定登録申請書 ■特許証 ■質権設定契約証書又は証明書面 ■共有者同意書（特許権が共有に係るとき）	■質権設定登録申請書 ■質権設定契約証書 ■持分権に対する質権設定による共有者の同意書（権利を複数の者で共有している場合）
手数料 （登録免許税）	2,000台湾ドル	債権額の4/1000相当額。1,000円未満の場合は1,000円で計算する。

---

[20]　専利法第69条第1項
[21]　専利審査基準第一篇第19章
[22]　専利法第62条第1項
[23]　専利法第64条

3.3　信託

　特許権は財産権の一種に属するため、信託の対象とすることができる。特許権の信託は、台湾特許庁に対して登録を申請しなければ、第三者に対抗することができない[24]。

　実務上、知的財産権信託としてよく見られるのは特許権信託である。特許権者がその特許権を受託者（通常、信託専門機構）に移転し、特許権者又は指定した者を受益者とし、特許権の管理は受託者によって行われる。

---

[24]　専利法第 62 条第 1 項

第四章　拒絶査定後の行政救済、無効審判、訂正

第一節　拒絶査定後の行政救済

第一項　訴願（拒絶査定不服審判）

　拒絶査定後の行政救済において、訴願手続きは他国には存在しない台湾特有の手続きである。専利出願における査定は行政処分に該当するため、台湾特許庁による拒絶査定（再審査を経た拒絶査定）に不服がある者は、訴願法により訴願管轄機関（即ち、台湾経済部）へ訴願を提起することができる[1]。なお、特許査定を不服として、訴願を提起することはできない。

1.1　審理機関

　訴願の審理機関「台湾経済部訴願審議委員会」は約20名の委員からなり、委員は訴願審議委員会内部の上級職員、招聘された社会公正人物（司法改革委員会の長官など）、学者、専門家らが務める。そのうち、社会公正人物、学者、専門家の人数は委員総数の2分の1未満であってはならない[2]。

1.2　訴願提起の時期的要件

　訴願の提起は、査定書の送達日から30日以内にしなければならない[3]。訴願提起にあたり訴願理由書及び委任状を提出する必要があるが、訴願提起と同時でなくてもよい。審理機関からの補足通知の送達日から20日以内に訴願理由書及び委任状を提出することができる[4]。

---

[1]　訴願法第14条
[2]　訴願法第52条
[3]　訴願法第14条
[4]　訴願法第62条

1.3　訴願提起先

訴願状により原処分庁（台湾特許庁）を介して台湾経済部訴願審議委員会）へ訴願を提起しなければならない[5]。

1.4　訴願に関与する者

専利出願に係る訴願において、当事者には訴願人、処分庁（即ち、台湾特許庁）が含まれる。

1.5　訴願の審理

訴願の審理は書面審理が原則である[6]。審理機関は、訴願人から申立てがあったとき又はその必要があると判断したときは、職権により訴願人及び処分庁に通知を行ったうえで、口頭弁論による審理とすることができる[7]。

口頭弁論を行うか否かについては審理機関が裁量権を有する。現在の審理機関実務によれば、審理機関が原処分の取消決定をしようとする場合でない限り、口頭弁論は行われないのが一般的である。

1.6　訴願の決定

訴願の決定は、過半数の委員が訴願の審理に出席し、出席した委員の過半数が賛成することによって決議に至る[8]。

審理機関は、原処分の依拠となった理由は不当であるがその他の理由によれば原処分は正当であると判断した場合、訴願に理由がないと認定しなければならない（つまり訴願は棄却される）[9]。

審理機関は訴願に理由があると判断した場合、原処分の全部若しくは一

---

[5]　訴願法第 58 条

[6]　訴願法第 63 条第 1 項

[7]　訴願法第 65 条

[8]　訴願法第 53 条

[9]　訴願法第 79 条

部を取り消さなければならない。また、事件の内容によって、処分の変更や台湾特許庁に差戻す決定をすることができる[10]。

　訴願の決定に不服がある者は、訴願の決定書の送達の日から2ヶ月の不変期間内に知的財産裁判所に対し行政訴訟を提起することができる。

最近10年間の専利訴願事件数の統計表

(件)

	総数	裁定結果				
		取消	その他	棄却	他結	取消率
2009	508	46	0	140	16	9.8%
2010	421	39	0	465	15	7.5%
2011	378	28	0	342	8	7.4%
2012	386	29	0	341	8	7.7%
2013	444	37	2	367	8	9.4%
2014	426	21	1	390	7	5.3%
2015	367	15	4	386	6	4.6%
2016	313	14	2	296	6	5.0%
2017	288	11	3	284	2	4.7%
2018	274	13	1	254	1	5.2%

出典：台湾特許庁[11]

注：1. 裁定結果における「棄却」とは訴願却下及び棄却等された事件を指し、「その他」とは「一部棄却、一部取消」にされた事件を指す。「他結等」とは訴願人が取下げた事件、管轄へ移送された事件及び併合審理にされた事件等を指す。

[10]　訴願法第81条
[11]　2018年台湾特許庁年報
　：https://www.tipo.gov.tw/public/Attachment/951513425687.pdf

第二項　行政訴訟

行政訴訟の主な審埋の流れは以下のとおりである。

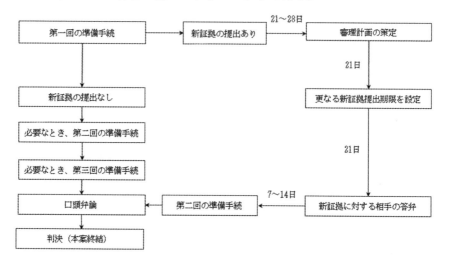

2.1　行政訴訟第一審

行政訴訟が提起されると、裁判所による審理手続きの準備や技術審査官の指定などが行われた後、第一回の準備手続へと進む。この第一回の準備手続では、書面先行部分についての争点の整理及び技術内容の説明が行われるとともに、当事者による新証拠の提出があったか否かの確認が行われる。

当事者から新証拠の提出がされなかった場合は、直接口頭弁論へと進むか、又は必要がある場合には更なる準備手続が行われ、その後口頭弁論へと進む。

一方、当事者から新証拠の提出がされなかった場合は、審理計画の策定へと移る。ここでは、裁判官は当事者の意見を参考し、原告による更なる新証拠の提出に係る期間及び相手方の新証拠に対する答弁にかかる時間を決定して、次の準備手続の期日を決定する。更なる新証拠の提出に係る期間について、裁判官は当事者の意見を参考とし、通常は期間を3週間と決定する。相手方の新証拠に対する答弁にかかる時間については、通常は新証拠提出期間と同様の3週間以内と決定する。その後、第二回の準備手続

が行われ、第一回と同様に争点の整理及び技術内容の説明が行われるとともに、新証拠に関連する補強証拠の提出の必要性等が確認される。

　訴願の決定に不服がある者は、訴願の決定書の送達日から２ヶ月の不変期間内に知的財産裁判所に対し行政訴訟を提起することができる[12]。

2.1.1　審理機関
　行政訴訟第一審は知的財産裁判所により審理される。

2.1.2　訴えを提起できる期間
　訴えの提起は、訴願の決定書の送達日から２ヶ月の不変期間内にしなければならない[13]。訴えの提起にあたり理由書及び委任状を提出する必要があるが、訴え提起と同時でなくてもよい。知的財産裁判所からの補足通知の送達日から20日以内に理由書及び委任状を提出することができる[14]。

2.1.3　訴えの提起先
　原告は、起訴状により知的財産裁判所に対し訴えを提起しなければならない[15]。

2.1.4　訴訟の当事者
　原告は出願人又は台湾特許庁であり、被告は台湾特許庁又は出願人である。

2.1.5　訴訟の審理
（1）口頭審理
　知的財産裁判所は行政訴訟の審理において口頭弁論を行わなければならない[16]。また、少なくとも弁論準備手続及び口頭弁論手続をそれぞれ１回

---

[12]　行政訴訟法第 106 条
[13]　行政訴訟法第 106 条
[14]　行政訴訟法第 107 条
[15]　行政訴訟法第 105 条

ずつ行う。

（2）技術審査官

　2008年に知的財産裁判所が設立されてから、技術審査官が新たに配置されることとなった[17]。訴訟事件に係る技術の判断、技術的資料の収集、分析及び技術的意見の提供を担当する。

　1）技術審査官の職務範囲

　　・　訴訟における関係を明らかにするために、事実上及び法律上の事項について、専門知識に基づき当事者に対し説明や質問をする。
　　・　証人または鑑定人に対し直接に質問する。
　　・　裁判官に対し意見を陳述する。
　　・　証拠保全の際の証拠調べに協力する。

　2）技術報告書

　技術審査官が作成した報告書は、公開されない[18]。

2.1.6　判決

　行政訴訟は合議制を採用する。3人の裁判官からなる合議体により審理、判決がされる。

　原告の訴えが不法であると判断した場合、裁判所は決定により訴えを却下しなければならない。原告の訴えに理由がないと判断した場合、裁判所は判決により訴えを棄却しなければならない。

　原告の訴えに理由があると判断し、かつ事件に係る事実及び証拠が明確である場合、裁判所は、原告の請求した内容に基づく行政処分をするよう

---

[16]　行政訴訟法第 188 条
[17]　知的財産案件組織法第 15 条
[18]　知的財産案件審理細則第 16 条

台湾特許庁に命じる判決を下す。原告の訴えに理由があると判断したが、事件に係る事実及び証拠が明確でない又は台湾特許庁の行政裁量の裁決に及ぶ場合、裁判所は、その判決における法律見解に従って査定を下すよう台湾特許庁に命じる判決を下す[19]。原告の訴えに理由がある場合は、このような判決がよく下される。

2.2　行政訴訟第二審

知的財産裁判所の第一審判決に不服がある者は、判決書の送達日から20日の不変期間内に最高行政裁判所に対し控訴を提起することができる[20]。

2.2.1　審理機関

行政訴訟第二審は最高行政裁判所により審理される。

2.2.2　控訴できる期間

判決書の送達日から20日の不変期間内に控訴を提起しなければならない[21]。控訴状において控訴の理由を表明しなかった場合、控訴人は控訴の提起日から20日以内に知的財産裁判所に理由書を提出しなければならない。理由書を提出しなかった場合、知的財産裁判所は補足の通知をせずに、決定にてそれを却下する[22]。

2.2.3　訴えの提起先及び対象

控訴人は控訴状をもって最高行政裁判所に対し控訴を提起しなければならない[23]。行政訴訟第二審（控訴審）は法律審であるため、控訴人は原判決について法令違反のみを理由とし控訴することができる[24]。

---

[19]　行政訴訟法第 200 条
[20]　行政訴訟法第 241 条
[21]　行政訴訟法第 241 条
[22]　行政訴訟法第 245 条
[23]　行政訴訟法第 244 条

2.2.4　訴訟の当事者

控訴人は出願人または台湾特許庁であり、被控訴人は台湾特許庁または出願人である。

2.2.5　訴訟の審理

書面審理が原則であるが、必要があるときは職権又は申立てにより口頭弁論にて行うことができる[25]。実際には、口頭弁論を行う状況はあまり多くない。また、最高行政裁判所は知的財産裁判所に対し技術審査官の協力を命じることができる。

2.2.6　判決

行政訴訟は合議制を採用する。6人の裁判官からなる合議体により審理、判決がされる。

原告の訴えが不法であると判断した場合、決定により訴えを却下しなければならない。原告の訴えに理由がないと判断した場合、裁判所は判決により訴えを棄却しなければならない。

原告の訴えに理由があると判断した場合、裁判所は原判決を破棄しなければならない。また、情況により自ら判決を下すことや知的財産裁判所に差戻し判決を下すことができる。差戻し判決の場合、知的財産裁判所は最高行政裁判所の破棄理由の法律判断を基礎として、判決を下さなければならない[26]。原告の訴えに理由がある場合は、このような判決がよく下される。

---

[24]　行政訴訟法第242条
[25]　行政訴訟法第253条
[26]　行政訴訟法第260条

最近10年間の知的財産裁判所行政訴訟専利事件の統計表

年度	事件数	終結件数							
		取下げ	原告勝訴	原告敗訴	一部勝訴	棄却決定	和解	その他	合計
2009	143	4	20	90	11	10	0	0	135
2010	183	5	42	109	12	5	0	0	173
2011	135	5	31	102	20	3	0	0	161
2012	126	5	14	73	7	5	0	1	105
2013	133	8	16	111	12	1	0	0	148
2014	122	6	9	86	4	3	0	0	108
2015	127	3	18	87	14	6	0	0	128
2016	104	18	17	57	11	4	0	0	107
2017	103	7	16	62	11	2	0	0	98
2018	103	6	20	76	8	2	0	0	112

出典：台湾特許庁[27]

注：1.「原告勝訴」及び「一部勝訴」には、台湾経済部が被告であり訴願決定が取消された
　　事件を含む。

第二節　無効審判

第一項　概要

　　無効審判とは、公告された専利権に対する公衆審査を目的とした制度である。無効事由について台湾と日本では大きな違いはないが、審理手続きに関する規定及び審決後の流れ（行政訴訟）については両国で相違がある。審理手続きに関し、日本での無効審判は「準司法」的な手続きが多く採用されており、無効審判の審理を経た審決の効力は一審判決に相当する。これに対し台湾の無効審判は行政手続きに属するため行政手続法の規定が適用され、結果（行政処分）に不服がある場合はまず行政救済としての訴願を提起しなければならず（無効審判において口頭審理が行われた場合を除

---

[27]　2018年台湾特許庁年報
　　：https://www.tipo.gov.tw/public/Attachment/951513425687.pdf

く）、訴願手続きを経た上で行政訴訟を提起することが可能となる。

　台湾での無効審判は「準司法」的な位置付けではないことから、無効審判に係る審決取消訴訟（台湾では行政訴訟と呼ぶ）において、台湾では当事者構造は採用されておらず、台湾特許庁は訴訟の被告となり、無効審判請求人又は被請求人は参加人として訴訟に関与する。

　なお、台湾において、日本の無効審判に相当する制度の中国語名称は「挙発」であるが、本書では便宜上、「無効審判」という語を用いる。

第二項　無効審判の請求

2.1　審判請求ができる時期

　専利が公告された後から専利権の存続期間内であれば、いつでも無効審判を請求することができる。専利権の消滅により回復できる法律上の利益を有する者は、専利権の消滅後であっても無効審判を請求することができる[28]。

2.2　審判請求できる者

　専利を受ける権利の帰属や専利を受ける権利の共有といった特定事由で無効審判を請求する場合は、利害関係人に限り請求することができる。一方、その他の事由の場合は何人も無効審判を請求することができる[29]。

2.3　無効理由

　無効審判を請求することができる理由は以下の通りである。

　1．共同出願違反（専利法第12条第1項）

　2．特許、実用新案又は意匠の定義を満たさない（専利法第21条）

　3．産業上の利用可能性、新規性、拡大先願又は進歩性違反（専利法第22、23条）

　4．法により専利を受けることができない発明（専利法第24条）

---

[28]　専利法第72条
[29]　専利法第71、119、141条

5. 記載要件違反（専利法第26条）

6. 先願主義違反（専利法第31条）

7. 新規事項を追加する補正（専利法第43条第2項）

8. 新規事項を追加する分割出願（専利法第34条第4項）

9. 外国語書面の範囲を超えた中国語翻訳文（専利法第44条第2、3項）

10. 出願時の明細書等の範囲を超えた訂正（専利法第67条第2項）

11. 新規事項を追加する変更出願（専利法第108条第3項）

12. 同一出願者が同一の発明・創作について同日に特許出願及び実用新案登録出願を行い、特許及び実用新案登録を受けた場合、又は特許出願が特許査定される前に実用新案権が既に消滅しているか若しくは取消しが確定した場合（専利法第32条第1、3項）

13. 専利権者の属する国家が中華民国国民の専利出願を不受理とした場合

14. 専利権者が専利を受ける権利を有する者ではない（専利法第71条第1項第2、3号）

15. 専利権存続期間の延長規定違反（専利法第57条）

2.4 無効証拠

2017年の審査基準[30]改正では、証拠が外国語書証拠である場合、原則として抄訳を提出すればよいことが規定された。ただし、無効審判の審理において外国語証拠の全ての内容が必要であると考慮された場合、例えば進歩性の審理で、発明が解決しようとする課題、技術分野が同一又は関連するか否か、証拠を組合わせる動機についての教示又は提案等を考慮する必要がある場合、審理において一部のみを見て全体を判断することで誤解が発生しないよう、無効審判請求人に当該外国語証拠の全文中国語翻訳を提

---

[30] 日本では、審判は審判官による「審理」が行われ、審査官が行う通常の「審査」と区別しているが、台湾では通常の審査・再審査及び無効審判のいずれも台湾特許庁の審査官が審査を行う。よって台湾では無効審判の内容に関しても審査基準に規定されている。

出するよう通知しなければならない[31]。

　この他、インターネット資料証拠に関し次のように規定された。

　当事者が提出するインターネット資料は明確な公開日が記載されていなければならない、又は、情報を公開若しくは管理するウェブサイトが出す証明等その他の文書をもって公開日の証左としなければならない。コンピュータが自動で生成又は注記するタイムスタンプ、例えばブログの文章が発表された時間又はウィキペディアの編集履歴は、公開日と推定することができる。台湾特許庁が公開日又はその真実性に疑いがあると判断した場合、当事者に証拠資料を提出するよう通知することに加え、職権で調査を行うことができる、たとえば関連部門に意見を示すよう通知を出す又はインターネットアーカイブ、検索エンジン若しくはその他インターネットツール／ソフトウェアを用いて、調査することができる。また、インターネットアーカイブを用いてインターネット資料を調査する際、インターネット資料にプラグイン（例えばFlash）が含まれる場合、インターネットアーカイブを用いて取得した資料と本来の資料が一致しない場合が考えられる。この場合、その他のインターネットツールによる相互参照や、当事者に補足説明を求める等により、総合的に判断する[32]。

2.5　無効理由及び証拠の補充提出ができる期間
2.5.1　無効理由及び証拠の補充提出期間に関する規定

　専利法第73条第4項において「無効審判請求人による理由又は証拠の補充提出は、審判請求後の3ヶ月以内に行わなければならない、この期間経過後に提出されたものは斟酌されない。」と規定されている。よって、証拠又は理由を補充提出する場合は、審判請求後3ヶ月以内に行わなければならない。

---

[31]　専利審査基準第5-1-32頁
[32]　専利審査基準第5-1-34頁

　また、審理遅延が生じることを回避するために、専利法第74条第5項において「無効審判請求人による理由又は証拠の補充提出が審理を遅延させる恐れがあるか、又は事実及び証拠が既に明らかである場合、台湾特許庁は自発的に審理を継続することができる。」と規定されている。

2.5.2　行政訴訟段階における新たな証拠及び無効理由の提出について

　知的財産案件審理法[33]第33条において「商標権の取消又は専利権の取消に関する行政訴訟において、口頭弁論の終結前に当事者が同一の理由について新たな証拠を提出した場合、知的財産裁判所はその証拠を斟酌しなければならない。特許庁は前項における新たな証拠について答弁書を提出し、相手方による当該証拠についての主張に理由があるか否かについて表明しなければならない。」と規定されている。

　しかしながら、知的財産案件審理法第33条が訴訟を遅延させる手段として当事者に利用されることを回避するために、知的財産案件審理細則第40条において「ただし、当事者が訴訟を遅延させようとするか、重過失により口頭弁論の適切な時期に新たな証拠を提出せず、訴訟の終結を阻害するおそれがある場合、裁判所は行政訴訟法第132条が準用する民事訴訟法第196条第2項の規定に基づき、却下することができる。」と規定されている。現在の実務では、遅くとも「予備審理の終結前」に新たな証拠を提出しなければならないという見解が一般的である 。

　よって審判請求人からすれば、無効審判段階で無効理由の範囲をできる

---

[33]　知的財産案件審理法は知的財産裁判所の設立に合わせて、2008年7月1日に施行された法律である。ドイツの連邦特許裁判所、米国の連邦巡回区控訴裁判所、日本の知的財産高等裁判所、韓国の特許裁判所、タイの中央知的財産・国際貿易裁判所など各国の知的財産裁判所の制度を参考として制定された。この法律は従来の公私法二元論に基づく審理遅延や司法担当者の専門性不足といった問題を解決することを目的とし、知的財産裁判所の訴訟手続きの特別な規定が定められている。

限り広めておくことが戦略上求められる。即ち、対象専利は新規性違反であり進歩性違反でもあるといった主張をしておくことが好ましい。これにより、後の行政訴訟において新たな証拠を発見した際、知的財産案件審理法第33条の規定により「同一の無効理由」に基づき提出するものであると主張することが可能となる。なお、提出した新たな証拠が前記規定に反するという理由で裁判所により却下されたとしても、台湾特許庁に対し別途新たに無効審判を請求することは可能である。

2.6　無効審判の請求の趣旨

二以上の請求項に係る専利権については請求項ごとに無効審判の請求をすることができる[34]。よって、審判請求人は請求の趣旨において無効を求める請求項を明記しなければならない。無効審判の請求後、請求の趣旨についての変更又は追加は禁止されている。ただし、請求の趣旨についての減縮は禁止されていない[35]。従って、対象となる請求項が確実に定まっている場合を除き、すべての請求項に対して無効審判を請求することも1つの方法として考えられる。

第三項　無効審判の審理
3.1　無効審判の審理の流れ

無効審判の審理の流れは次頁の通りである。

なお、以下の図における点線は口頭審理が行われた場合の流れを示している。即ち、口頭審理を経た場合、無効審判の審決に不服がある場合は、訴願を経ることなく、直接行政訴訟を提起することができる。

---

[34]　専利法第73条第2項
[35]　専利法第73条第3項

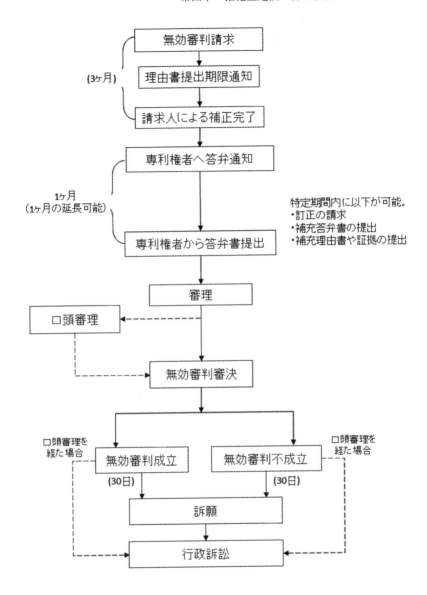

3.2　職権審理の原則

　2014年の専利法改正時に「職権審理制度」が導入され、第75条に「特許主務官庁は、無効審判を審理する際、無効審判請求の声明の範囲内において、職権で、無効審判請求人が提出していない理由及び証拠を斟酌するこ

とができ、さらに、期限を指定して答弁するよう専利権者に通知しなければならない。期限を過ぎても答弁がない場合、ただちに審理する。」と規定されるとともに、審査基準において台湾特許庁が職権審理を発動できる5種類の態様が示された。2017年の審査基準改訂では、審査官による職権審理の行き過ぎた濫用を避けるため、職権審理を発動できる態様として列挙されたものから（5）のみを残し、残りの4種類を削除した。即ち、確定した民事侵害訴訟判決において係争専利請求項の無効理由又は証拠が示されているとき、台湾特許庁は職権審理を発動できる、という態様のみが残された。例えば、無効審判請求人が係争専利請求項1は証拠1により進歩性を有しないと主張しているが、確定した民事判決において証拠1と証拠2の組合せにより当該専利請求項1は進歩性を有しないと認定された場合、台湾特許庁は証拠1と証拠2の組合せにより請求項1が進歩性を有しないことについて、職権審理を発動することができ、権利者に答弁を求めることができる[36]。

3.3　書面審理

　無効審判は原則として書面審理で行われる。台湾特許庁は無効審判の請求を受理した後、無効審判請求書の副本を専利権者に送達する。専利権者は請求書副本の送達日から1ヶ月以内に答弁を行わなければならないが、答弁書提出期間の延長を1回請求することができる[37]。台湾特許庁は審判請求人による書面を専利権者に送達することについての義務は負うが[38]、専利権者による答弁書については、訂正の請求があった場合を除き、原則として審判請求人には送付しない。よって、審判請求人は専利権者による答弁書の提出があったか否かについて定期的かつ主体的に注意しなければならない。

---

[36]　専利審査基準第5-1-36頁
[37]　専利法第74条第2項
[38]　専利法第74条第1項

3.4　面接

　台湾では出願の審査及び無効審判の審理において書面審査制度が採られているが、出願人、無効審判請求人及び被請求人は必要がある場合、面接を申請することができ、審査官も事件の詳細を理解するために出願人や無効審判請求人、被請求人に対し面接を求める通知することができる[39]。面接の詳細については、第二章第二節第四項で既に述べた通りである。

3.5　口頭審理

　台湾特許庁は「専利無効審判の口頭審理作業方案」を2018年3月31日から正式に施行することを公布した。合議体による審理、公開審理、参加対象の拡大等により、無効審判審理の正確性向上及び信頼感上昇を図ることが目的。日本の無効審判における「当事者構造」に近づけようとする狙いがうかがえる。本方案のポイントを以下に紹介する。なお本法案は施行後1年を経て、2019年4月に一部内容が改正されている。以下の内容は改正後のものである。

１．口頭審理の申請主体

　　当事者（無効審判請求人又は被請求人）が申請できる。申請費用は無料である。相手方の同意は特に必要なく、一方が申請をすれば原則として口頭審理が開催される。また、台湾特許庁も職権により口頭審理を行うことができる。なお、台湾特許庁が、口頭審理の申請理由が事件と明らかに無関係である又は口頭審理を行う必要がないと認めるときは、口頭審理は行われない。

２．予備審理

　　口頭審理をスムーズに進めるため、事件の複雑性に基づき、台湾特許庁は予備審理を行う旨、当事者に通知を行うことができる。予備審理では、口頭審理の争点や文書及び証拠の適格性を明確にする。

３．審理方式

---

[39]　専利法第76条

　　口頭審理の審理及び決定は3名以上の審査官の合議体により行われる。審査官の中から1名が進行役を担当する。

4．口頭審理の流れ

　(1)　口頭審理を行う30日前に、口頭審理手続の概要が当事者に書面で通知がされるとともに、台湾特許庁又はウェブサイトに公告される。

　(2)　公告前に当事者が理由又は証拠を提出した場合は、台湾特許庁が相手方へ転送する。一方、公告後においては、新たな証拠は提出できず、また公告後に提出された補充資料や理由書は、口頭審理当日の10日前までに提出するとともに、相手方当事者にも送付しなければならない。

　(3)　当事者のほか、利害関係人も参加の申請を行うことができる。また、一般人もインターネットにより傍聴の申請を行うことができる。(利害関係人とは、対象専利に関する訴訟の当事者、実施権者、質権者、その他対象専利権により自らの権利又は利益が影響を受ける者)

　(4)　当事者の一方が合法的な通知を受けたにもかかわらず口頭審理に出席しなかった場合、もう一方のみに対して口頭審理を進めることができる。

　(5)　審理は原則として公開して行われる。ただし、当事者が口頭審理開始前に非公開を申請した、又は審理手続において文書又は証拠内容の公開により重大な損害のおそれがあると声明した場合、審査官は審理の全部又は一部を非公開とすることができる。

　(6)　口頭審理において当事者は新たな攻撃防御方法を提出してはならず、意見を述べることができるにとどまる。

　(7)　予備審理及び口頭審理では記録が作成される。台湾特許庁は記録作成に際し、録音や録画をすることができる。

　(8)　当事者は審査官に対し、事件の実体的問題についての心証を明らかにするよう求めてはならない。

　(9)　行政手続法第109条の規定に基づき、口頭審理を経て下された行政処分に対し不服がある場合の行政救済手続きにおいては、訴願を経ることなく直接行政訴訟を提起することができる。

5．口頭審理のメリット及びデメリット

　無効審判において口頭審理を行う最大のメリットは、その後の審決に対し不服がある場合、訴願手続きを経ることなく直接行政訴訟を提起することができる点にある。一方、デメリットとしては、口頭審理は一般に公開されるため、審査官は口頭審理において心証を公開することをためらうことになる。これは当事者双方にとって、口頭審理を申請する際に考慮すべき点である。この口頭審理制度に対して、業界ではまだ様子を見ている状態であり、現時点で実際に口頭審理が行われた例は多くない。よって現段階では口頭審理ではなく、従来から存在する面接制度を活用するほうがよいと思われる。

台湾無効審判における口頭審理と面接の比較表

	口頭審理	面接
相手方の同意	不要	不要
公開	原則公開	非公開
理由・証拠の提出期限	あり	なし
出席審査官	3名以上	2名
費用	なし	1,000台湾ドル
審決不服	直接行政訴訟提起可	訴願を経なければ行政訴訟提起不可

3.6　通知に対する応答期限

　無効審判における台湾特許庁からの通知に対する応答期限に関して、専利権者又は無効審判請求人は通知送達から1ヶ月以内にしなければならない。期限が延長された場合を除き、期限後に提出されたものは斟酌されない[40]。

---

[40]　専利法第74条第4項

3.7　併合審理

　同一の専利権について複数の無効審判が請求された場合、原則として審理は併合されず、それぞれ審理が進められる。しかし、各無効審判請求が争点において同一性又は関連性を有する場合、審理を併合することで審理の重複を避けて審理手続が簡素化でき、審決相互の矛盾抵触を防ぎ審理の効率を向上させることができると認められる場合、例外として併合審理が行われる[41]。

3.8　無効審判請求の取下げ

　無効審判請求は、審決が確定するまでは取り下げることができる。ただし、無効審判の請求について専利権者による答弁書の提出があった後は、相手方の承諾を得なければ取り下げることができない。取下げの請求があった場合、台湾特許庁は審判請求について取下げの請求があった事実を専利権者に通知しなければならない。専利権者は通知書の送達日から10日以内に反対意見を述べなかった場合、当該取下げを承諾したと見なされる[42]。

第四項　無効審判の審決と審決取消訴訟

4.1　審決

　特許及び実用新案については請求項ごとに審決を下すことができる（専利法第82条）が、意匠については意匠権ごとに審決が下される。

4.2　一事不再理

4.2.1　一事不再理原則の主観的及び客観的効力範囲

　専利法第81条第1号では「次の事情の一がある場合、何人も同一特許権について、同一の事実及び同一の証拠により再度無効審判を請求することはできない。一、同一事実及び同一証拠により無効審判が請求され、審理

---

[41]　専利法第78条
[42]　専利法第80条

を経て請求棄却となったもの。」と規定されている。なお、無効審判の請求棄却審決が出されれば一事不再理の対象となり、審決が確定している必要はない。

　日本の場合、特許法で一事不再理原則の主観的効力は当事者及び参加人に限定されている（日本特許法第167条）。これに対し台湾では、一事不再理の主観的効力は「何人」にも及ぶ。

　一事不再理の客観的効力に関し、同一専利権とは請求項ごとに判断される。つまり、客観的範囲は同一請求項、同一無効理由、同一証拠の事件である。他に、専利法は第81条第2号を特別に増設し、「知的財産案件審理法第33条の規定に基づき、知的財産裁判所へ新たな証拠を提出したが、審理を経て訴えに理由がないと認定されたもの。」と規定している。無効審判請求人は行政訴訟において、知的財産案件審理法第33条の規定に基づき新たな証拠を提出することができる。新たな証拠が提出されたが、知的財産裁判所の判決では当該新たな証拠では専利権を取り消すに足りないと判決が下された場合、当事者は当該証拠について既に十分に意見を示す機会が与えられたことから、何人も後に同一事実及び同一証拠によって再び無効審判を請求することができないとされている。

4.2.2　一事不再理原則の時点認定

　専利法においては「一事不再理原則」の時点認定に対して特に規定が設けられていないが、「専利審査基準」において別途規則が設けられている。「後からされた無効審判の請求時に、先にされた無効審判の審決がされていたか否かで判断する」）と規定されている。つまり、もし無効審判が請求されたとき、同一事実及び同一証拠により同一請求項に対して無効審判が既に請求されていたとしても、先にされた無効審判の審決が未だ下されていない場合、後の無効審判には「一事不再理原則」は適用されない。

4.2.3　一事不再理原則の運用戦略

　専利権者にとって、無効審判が請求されたときにまずやるべきことは、相手方が提出した無効審判の理由及び証拠が、「一事不再理原則」の対象かどうか検討することである。仮に「一事不再理原則」を適用できる場合、無効審判請求を方式的に不成立にすることができる。

　他に、専利権者がもし専利権侵害訴訟を提起するつもりであるなら、「一事不再理原則」を侵害訴訟前の準備手段として活用することが可能である。専利権者が専利権侵害訴訟を提起する前に、自らの専利権に無効理由を有するといった欠陥があると気付いた場合、仮に侵害訴訟を提起したとしても訴訟中に相手から無効の抗弁が主張されたり無効審判を請求されたりするおそれがある。こうした事態を防ぐために、訴訟提起前に第三者名義により、自己の専利権に対し無効審判を請求し、請求人側として専利権者からの反論に応答せずに進めることで請求棄却審決を獲得できる。これにより、対象請求項における同一事実、同一証拠による審判請求については「一事不再理原則」が適用される。よって「一事不再理原則」は、専利権者が専利権侵害訴訟を提起する際に、利用できるある種の防御手段である。ただし、異なる証拠によっては一事不再理が適用されない点に留意すべきである。

4.3　審決取消訴訟

　上述したように、台湾の無効審判は行政手続きに属するため行政手続法の規定が適用され、結果（行政処分）に不服がある場合はまず行政救済としての訴願を提起しなければならず（無効審判において口頭審理が行われた場合を除く）、訴願手続きを経た上で行政訴訟を提起することが可能となる。

　無効審判の審決取消訴訟に関する内容は、拒絶査定不服審判の行政訴訟（審決取消訴訟）と同様である。よって、詳細は当該箇所を参考されたい。

最近10年間の無効審判に関する統計表

	無効審判		
	成立	一部成立	不成立
2009	694	0	553
2010	503	0	413
2011	469	0	442
2012	462	0	421
2013	425	114	312
2014	360	135	309
2015	294	99	245
2016	277	100	300
2017	310	91	287
2018	266	86	233

出典：台湾特許庁

注：1．本統計表は取下げ、棄却、却下等の場合を含まない。
　　2．2013年1月1日から無効審判は請求項ごとに審決を下すことになり、無効審判「成立」とは、無効審判請求の趣旨において無効を求める全ての請求項について無効審決が下された場合を指す。また、無効審判「一部成立」とは、無効を求める一部の請求項について無効審決が下され、残りの請求項について維持審決又は棄却決定が下された場合を指す。そして、無効審判「不成立」とは、無効を求める全ての請求項について維持審決が下された場合か、一部の請求項について維持審決が下され残りの請求項について棄却決定が下された場合を指す。

第三節　訂正

第一項　訂正の時期的要件

　特許権者は特許公告 された後に、明細書等について訂正することができる。しかし、無効審判が請求された場合、訂正は以下の期間に限り、行うことができる[43]。

(1) 答弁通知の期間内

(2) 補充答弁の期間内（請求人が理由補充した際）

(3) 訂正請求を認めない旨の通知で指定された期間内

---

[43] 専利法第74条

（ただし、特許権が訴訟に係属している場合は、上記の制限を受けない。）

ここで、台湾特許庁による無効審判の認容審決又は棄却審決がされた後、行政救済段階（訴願、行政訴訟）に入った場合、権利者は訂正を行うことが出来るか否かについては、無効審判における審決内容により異なる。具体的には以下の通りとなる。

(1) 無効審判の認容審決がされた場合

　特許権は既に存在しないため、行政救済段階では訂正を行うことができない。

(2) 無効審判の請求棄却審決がされた場合

　特許権はまだ有効に存在しているため、訴願段階において権利者は台湾特許庁に訂正の請求を行うことが出来る。訴願が認められなかった場合、知的財産裁判所に行政訴訟を提起すれば、知的財産裁判所による審理段階においても台湾特許庁に対し訂正の請求を行うことができる。

　知的財産案件審理法第33条の規定によれば、無効審判請求人は行政訴訟段階において新たな証拠を提出できる。行政訴訟段階において無効審判請求人が新たな証拠を提出し、裁判所がその新たな証拠によれば当該特許権は無効であると認めるに足りると判断したケースを考える。ここで仮に特許権者が台湾特許庁に訂正の請求を行っていなかった場合、裁判所は台湾特許庁に対し無効審判請求容認審決を出すよう直接命じる判決を下すことが出来る（最高行政裁判所2015年度4月第1回裁判長裁判官会議決議）。逆に、もし特許権者が台湾特許庁に訂正の請求を行いその旨を裁判所に陳述した場合、最新の裁判所見解によれば（最高裁判所2016年度判字第337号判決）、裁判所は台湾特許庁に対し無効審判請求容認審決を出すよう直接命じる判決を下すことが出来ず、台湾特許庁による訂正の請求の処分結果を待たなければならない。裁判所は台湾特許庁による訂正の請求の処分結果に基づき、特許権は取消されるべきか否

かを判断することになる。

つまり、特許権者は行政訴訟段階において、無効審判請求人が新たな証拠を提出することで自身の特許権が無効とされる恐れがあると判断した場合は、台湾特許庁に対し訂正を請求するとともに、裁判所へ訂正の請求をした事実を陳述すべきである。こうすることで裁判所が台湾特許庁に対し無効審判請求容認審決を下すよう命じる判決を下し、特許権が取消されることを回避することができる。訂正する範囲については、台湾特許庁が受け入れ可能な訂正の範囲について明確にするためにも、台湾特許庁の審査官と密に連絡を取り出来る限り良好な関係を保たなければならない。台湾特許庁が訂正の請求を認めない処分を出し、結果的に裁判所が台湾特許庁に対し無効審判請求容認審決を出すよう直接命じる判決を下すことを避けるためである。

第二項　訂正できる事項

以下のいずれかの事項についてのみ訂正できる[44]。

(1) 請求項の削除

(2) 特許請求の範囲の減縮

(3) 誤記の訂正

(4) 誤訳の訂正

(5) 明瞭でない記載の釈明

第三項　訂正の制限

(1) 当初明細書、特許請求の範囲又は必要な図面に記載した事項の範囲内においてしなければならない（誤訳の訂正は除く）[45]。

(2) 実質上特許請求の範囲を拡張又は変更してはならない[46]。

---

[44] 専利法第 67 条第 1 項
[45] 専利法第 67 条第 2 項

3.1　実質上特許請求の範囲の拡張に該当するか否かについての判断[47]

以下の訂正は、実質上特許請求の範囲の拡張に該当する。

(1) 請求項に記載された発明特定事項を上位概念の用語で入れ替える訂正

　ⅰ．請求項の発明特定事項を上位概念化する訂正。

　ⅱ．請求項に記載された数値範囲を拡大する訂正。

　ⅲ．閉鎖クレームを開放クレームへ変更する訂正。

　ⅳ．請求項に記載された構造、材料又は動作などの発明特定事項を対応する手段機能用語又は手順機能用語へと表示する訂正（これは明細書に記載された内容の均等範囲の導入にあたるため、実質上特許請求の範囲の拡張に該当する）。

　ⅴ．誤記の訂正が実質上の拡張に該当する訂正。

(2) 請求項に記載された発明特定事項を一部削除する訂正

(3) 発明の対象を追加する訂正

　ⅰ．明細書に記載されたものの公告時の特許請求の範囲に含まれていない技術内容（実施するための形態又は実施例を含む）を請求項に追加する訂正。

　ⅱ．請求項数を増加する訂正（複数の請求項を引用する独立項又は複数の請求項に従属する従属項において、当該引用する請求項又は従属する請求項を減少させ残りの請求項を書き下して記載する場合は、例外的に認められる）。

　ⅲ．択一形式（又はマーカッシュ形式）で記載された請求項において、明細書に記載された一の選択肢を追加する訂正。

(4) 特許査定前に既に削除又は放棄した技術内容を明細書に記載する訂正。

---

[46]　専利法第 67 条第 4 項
[47]　専利審査基準第 2-9-5 頁

3.2　実質上特許請求の範囲の変更に該当するか否かについての判断[48]

以下の訂正は、実質上特許請求の範囲の拡張に該当する。

(1) 請求項に記載した発明特定事項を反対の意味を表す表現に入れ替える訂正。

(2) 請求項に記載した発明特定事項を実質的に異なる意義のものへと変更する訂正。

　ⅰ．請求項に記載した数値範囲を当初明細書又は図面において明示的に記載された数値範囲に減縮するものだが、減縮後の意義が訂正前の請求項解釈とは異なるものとなる訂正。

　ⅱ．特許請求の範囲については訂正せず明細書又は図面の記載を訂正した結果、特許請求の範囲の解釈が公告時のものとは異なるものとなる訂正。

　ⅲ．誤訳の訂正によって特許請求の範囲を実質的に変更する訂正。

(3) 発明の対象を変更する訂正。例えば、「物の発明」を「方法の発明」又は「物を生産する方法の発明」へと変更する訂正。

(4) 発明特定事項を追加した結果、訂正前の請求項の発明の目的が達せられなくなる訂正。

「外的付加」の訂正について、2017年の審査基準改訂により訂正前の請求項に係る発明の目的が達せられるのであれば、認められるようになった。以下に紹介する。

3.3　審査基準改訂後の外的付加訂正[49]

(1)「外的付加」の訂正が条件付で許可

旧「専利審査基準」では「外的付加」について、公告時の特許請求の範囲の実質上変更に該当するため認められない、と規定されていた。2017年改訂後の審査基準では、「技術特徴を追加した結果、訂正前の請求項の発

---

[48]　専利審査基準第 2-9-6 頁

明の目的が達せられない場合、公告時の特許請求の範囲の実質上変更に該当する。」と規定され、制限が緩和された。

　また「各請求項の発明の目的」の判断に関して次のように規定されるようになった。「発明の属する技術分野における通常知識を有する者の立場から、各請求項に記載された発明全体を対象とし、明細書に記載された発明が解決しようとする課題、課題を解決する技術手段及び先行技術と比べた効果を参酌して、当該発明の具体的目的を認定する。訂正前と訂正後の請求項に係る発明を比較し、訂正後の請求項に係る発明が訂正前の請求項に係る発明の目的を『達成できない』又は『減損する』場合、それは公告時の特許請求の範囲の変更に属する。」（以下の事例1を参照）。

　逆に、訂正により訂正前の当該請求項に係る発明の目的全てが達せられる場合、例え別の発明の目的を「追加」したとしても、訂正は認められる（以下の事例2を参照）。

---

[49]　台湾特許庁は2016年12月26日、専利審査基準第二編第九章「訂正」部分の改訂版（以下、「2017年版訂正審査基準」とする）を公告した。この「2017年版訂正審査基準」は既に2017年1月1日から施行されている。「2017年版訂正審査基準」における最も重要な改訂内容は、以下の2点である。
　1.「外的付加」の訂正について、訂正前の請求項に係る発明の目的が達せられるのであれば、認められるようになった。
　2.　用途限定物請求項の訂正態様が緩和された。

【事例１】：（訂正前の当該請求項に係る発明の目的「全て」が達せられない）

事例１の発明はガス給湯器の定温装置である。訂正前・後の特許請求の範囲の比較表及び発明の代表図を以下に示す。

訂正前特許請求の範囲（公告時）	訂正後特許請求の範囲
１．前記給湯器の給水温度及び排水温度を測り第一信号及び第二信号を出力する水温測定回路（14）と、前記第一信号及び第二信号を受信し処理したのち、少なくとも一つの制御信号を出力するCPUと、…制御回路（28）と、…を有するガス給湯器の定温装置。	１．前記給湯器の給水温度及び排水温度を測り第一信号及び第二信号を出力する水温測定回路（14）と、前記第一信号及び第二信号を受信し処理したのち、少なくとも一つの制御信号を出力するCPUと、…制御回路（28）と、…を有するガス給湯器の定温装置。
２．高電圧パルス高電圧パルスが点火したとき、直流電源のCPU又は記憶回路への提供を停止し、CPU又は記憶装置とき、高電圧パルス点火回路（34）の電源を切るインターロック回路（32）を更に有する請求項1に記載のガス給湯器の定温装置。	２．高電圧パルス高電圧パルスが点火したとき、直流電源のCPU又は記憶回路への提供を停止し、CPU又は記憶装置とき、高電圧パルス点火回路（34）の電源を切るインターロック回路（32）を更に有する請求項1に記載のガス給湯器の定温装置。
３．CPUにより表示を行いかつ給湯器に異常が発生した際に音信号を発する、液晶ディスプレイ（18）及び警報器回路（30）を更に有する請求項1に記載のガス給湯器の定温装置。	３．CPUから提供される及び給湯器に異常が発生した際に発する音の信号を、液晶ディスプレイ（18）及び警報器回路（30）を更に有する請求項**2**に記載のガス給湯器の定温装置。

代表図

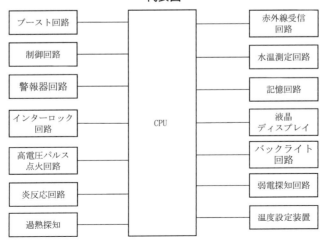

　訂正後の請求項1、請求項2に変更はないが、請求項3の従属先を請求項1から請求項2に変更することで「インターロック回路」という関連技術特徴を追加している。この訂正は特許請求の範囲の減縮ではあるが、訂正後の請求項3に係るガス給湯器の定温装置において「インターロック回路」の技術特徴が追加されたため、高電圧パルスが点火したとき直流電源のCPU又は記憶回路への提供が停止され、液晶ディスプレイの表示機能及び警報器の警報機能が一時的に失われることになる。よって訂正後の請求項3に係るガス給湯器の定温装置では、訂正前の請求項3に係るガス給湯器の発明の目的、即ち全ての段階において未点火又は酸素供給量不足を表示及び警報することできるという発明の目的が達せられない。よって公告時の特許請求の範囲の実質上変更に該当する。

【事例2】：（訂正前の当該請求項に係る発明の目的「全て」が達せられる）
　事例2の発明は車椅子である。訂正前・後の特許請求の範囲の比較表及び実施態様を示す図を以下に示す。

訂正前特許請求の範囲（公告時）	訂正後特許請求の範囲
車椅子（10）に二つ一組のペダル（20）が枢支され、前記ペダル（20）の両側はそれぞれ対合部（21）及び枢転部（22）であり、前記枢転部（22）は車椅子に枢支され、前記二つのペダル（20）の対合部（21）は重なり合うことで対合する、車椅子。	車椅子（10）に二つ一組のペダル（20）が枢支され、前記ペダル（20）の両側はそれぞれ対合部（21）及び枢転部（22）であり、前記枢転部（22）は車椅子に枢支され、前記二つのペダル（20）の対合部（21）は重なり合うことで対合**し、枢転及び伸縮が可能なテーブルが肘掛けに設けられた**、車椅子。

実施態様を示す図

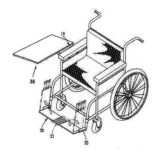

　公告時明細書には「枢転及び伸縮が可能なテーブルを肘掛けに設ける」ことが記載されていた。

　訂正後の請求項には、明細書に記載されていた枢転及び伸縮が可能なテーブルが請求項に追加された。これは特許請求の範囲の減縮であり、出願時の明細書、特許請求の範囲及び図面で開示された範囲を超えていない。訂正後の請求項では「テーブル（30）」に関する技術特徴が追加されたが、使用者の両足が滑り落ちること及び両足を置く拾い空間を提供するという訂正前の請求項に係る発明の目的は依然として達せられる。テーブルを提供するという目的が追加されたが、当該訂正は公告時の特許請求の範囲の実質上変更には該当しない。

(2) 用途限定物請求項の訂正態様

　2013年より前に登録査定となった用途限定請求項では、その用途限定は一律に限定作用を有していた。2013年以降は、その用途限定が保護を求める物の組成に影響を与えるか否かを見るようになり、一律に限定作用を有しなくなった。

　2017年改訂後の審査基準における用途限定物の扱いは次の通りである。2013年より前に登録査定となった用途限定物請求項に対する訂正の請求について、その用途限定物の請求項範囲の解釈は登録査定時（2013年改訂前）の審査基準が適用される。即ち当該用途は限定作用を有するとみなされ、当該用途を削除又は変更する訂正は特許権範囲の拡大又は実質変更をもたらすため、その訂正は認められない。一方、2013年以降に登録査定となった用途限定物請求項に対する訂正の請求について、その用途限定物の請求項範囲の解釈は2013年改訂後の審査基準が適用され、当該用途で限定された物の組成に影響を与えないのであれば、その訂正は認められる。

【事例3】

　事例3の発明は界面活性剤組成物である。訂正前・後の特許請求の範囲の比較表を以下に示す。

訂正前特許請求の範囲（公告時）	訂正後特許請求の範囲
化合物 A を含む界面活性剤組成物。	化合物 A を含む**殺虫剤に用いられる**界面活性剤組成物。

　公告時明細書には「界面活性作用は殺虫用途により適する」と記載されていた。

　訂正後の請求項では界面活性剤組成物を殺虫の用途に限定しているが、これは当該物の目的の描写に過ぎず、物そのものに影響を与えず当該用途による限定作用は発生しない。訂正前当該組成物の組成を変更しておらず、対象も変更されていないため、公告時の特許請求の範囲の実質上拡張又は変更にはあたらない。

第四項　訂正の効果

　明細書、特許請求の範囲又は図面の訂正が認められ公告された後、その訂正の効果は特許出願の時点まで遡及する。

第五章　特許権侵害訴訟

　　台湾における特許訴訟は2008年7月1日の知的財産裁判所の成立を境として制度及びその運用が大きく変更された。2008年7月1日以前は、特許権侵害訴訟の手続において、被疑侵害者が対象特許について無効審判を請求した場合、特許権の有効性についての判断は台湾特許庁の職権に属するため、改正前の専利法第90条において「特許権の民事訴訟について、出願、無効審判、取消訴訟が確定するまで、審理を停止することができる。裁判所は前項の規定により審理を停止する裁定を下すときは、無効審判請求の正当性に注意しなければならない。」と規定されていた。当時の実際の運用として、裁判所は判断の齟齬を回避するために、一旦訴訟を停止し台湾特許庁による無効審判の審決が下されたか、又は審決後行政裁判所による判決が確定してから、侵害事件の審理を再開するというものとなっていた。そのため、1つの事件の終結にはおよそ5、6年の時間がかかり、外内から批判的な声が上がっていた。そこで、2008年7月1日から知的財産案件審理法第16条第1項において「当事者が当該知的財産権に取消されるべき、廃止されるべき理由があると主張又は抗弁した場合、裁判所はその主張又は抗弁に理由があるか否かについて自ら判断しなければならず、民事訴訟法、行政訴訟法、商標法、専利法、植物品種及び種苗法又はその他の法律における訴訟手続の停止に関する規定は適用しない。」と規定されることとなった。特許権侵害訴訟の手続きにおいて侵害及び有効性に関する争点のいずれも審理することができるようになる一方、被疑侵害者は侵害訴訟において相対的効力のみ有する特許無効の抗弁を主張するか、或いは対世的効力を有する特許権取消の行政手続き（無効審判）を行うか、選択することができるようになった。

第一節　特許権侵害の要件

第一項　客観的要件

　被疑侵害製品又は方法は原告の特許発明に係る特許請求の範囲内にあるものでなければならず、被告が台湾において製造、販売の申出、販売、使用又はこれらを目的とした当該物品の輸入行為を行っていることを証明しなければならない。

第二項　主観的要件

2.1　故意又は過失の要件

　侵害の差止めのみを請求する場合、侵害者の故意又は過失を証明する必要はない[1]。但し、損害賠償請求を主張する場合、侵害者の主観的な故意又は過失の証明を必要とする[2]。

2.2　特許表示について

　特許に係る物品又はその包装に特許番号を表示していなかった場合に損害賠償を請求することができるか否かについて、従来は肯定説と否定説のいずれも有力とされていた。しかし、特許に係る公示制度が整備され特許権に関する情報の検索が容易になったことや、特許権者が損害賠償を請求するときに、侵害者が故意により特許権を侵害したことを立証する責任を負うことがある点を考慮し、2013年1月1日に専利法を改正し、特許番号の表示は損害賠償請求の前提又は特別要件ではないことを明らかにした。

　専利法第98条では「特許に係る物には、特許番号を表示しなければならない。特許に係る物にこれを標示できない場合は、ラベル、包装又はその他の他人に認識させるに足る顕著な方法をもって、表示することができる。

---

[1]　専利法第96条第1項
[2]　専利法第96条第2項

特許番号を表示しなかった場合、損害賠償を請求するときには、当該物品が特許に係る物であることを侵害者が明らかに知っていたこと、又はそれを知り得たことを立証し、証明しなければならない。」と規定している。

第二節　特許権侵害の判断

　台湾特許庁は2016年2月に新たな「専利侵害判断要点」を定めて公告し、各裁判所に送付した[3]。この「専利侵害判断要点」は裁判所に対し法的拘束力を有しないが、実務上裁判所は裁判時の参考とする。以下に、「専利侵害判断要点」に基づき台湾における特許権侵害の判断の実務見解を紹介する。

第一項　特許権侵害判断の流れ
　特許権侵害判断の主な流れは次の通りである。
1　請求項の解釈
2　被疑侵害対象の技術内容の分析
3　文言侵害か否かを判断
4　均等論の適用可否を判断（文言侵害ではない場合）

　具体的にはまず、請求項の解釈を行った上で、請求項に係る発明特定事項と被疑侵害対象の対応する技術内容の比較を行い、侵害を構成するか否かの判断を行う。侵害構成の判断ではまず「文言侵害」（Literally Read On）に該当するか否かの判断が行われ、文言侵害に該当する場合は侵害が認定される。文言侵害に該当せず、特許権者が均等論の適用を主張した場合は、均等論の適用について判断がされる。
　ここで均等論の制限事項（被疑侵害者側が主張可能な抗弁事項）として、「権利一体の原則」「包袋禁反言」「先行技術阻却」又は「貢献原則」が専

3　台湾特許庁105（2016）年2月5日智専字第10512300230号函。

利侵害判断要点に規定されている（それぞれの内容の詳細は後述）。被疑侵害者が「権利一体の原則」「包袋禁反言」「先行技術阻却」又は「貢献原則」の制限事項を主張する場合、被疑侵害対象が「均等論」を適用するか否かを判断すると同時に、これらの制限事項も（順番を問わずに）考慮しなければならない。上記のいずれかの制限事項が成立した場合、「均等論」は適用されない。

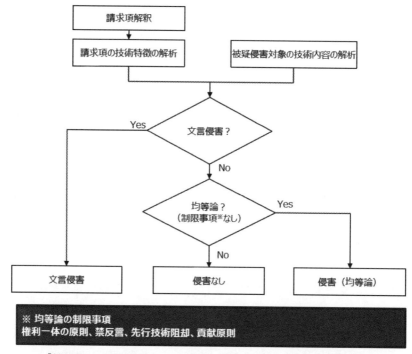

【特許権・実用新案権の侵害判断フロー（2016年判断要点）】

第二項　請求項の解釈

　特許権の範囲は請求項を基準とし、請求項を解釈する際は明細書及び図面を斟酌することができる[4]（折衷説）。請求項に係る発明（subject

---

[4]　専利法第56条

matter）は請求項に記載の全ての発明特定事項で特定しなければならない。請求項の記載に疑義があり解明しなければならないとき、明細書、特許請求の範囲、図面及び出願経過情報などの内部証拠を考慮しなければならない。これらを考慮しても疑義を解消することができないとき、専門辞書、辞典、参考書、教科書、百科事典及び専門家による証言などの外部証拠をも考慮しなければならない。

第三項　請求項に係る発明特定事項の解析

　請求項に係る発明特定事項を解析するとき、請求項における文字記載に基づき、特定機能が単独で執行され、特定の結果が得られる部品、成分、工程又はその間の関係などを「発明特定事項」とすることができる。当該発明特定事項は特定機能が単独で執行され、特定の結果が得られるものでなければならない。

第四項　被疑侵害対象に係る技術内容の解析

　被疑侵害対象に係る技術内容を解析するとき、その内容は解析済みの請求項に係る発明特定事項に対応するものでなければならない。請求項に係る発明特定事項と関連のない被疑侵害対象に係る部品、成分、工程又はその間の関係などを、比較内容としてはならない。

第五項　文言侵害

　解釈済みの請求項に係る各発明特定事項と被疑侵害対象に係る各対応部品、成分、工程又はその間の関係などをそれぞれ比較する。被疑侵害対象が対応する各発明特定事項を全て充足する場合、「文言侵害」が成立する。
　発明特定事項が「同一」であるとは、請求項及び被疑侵害対象に係る対応発明特定事項が完全に同一である、文字の記載形式又は直接的一義的に知ることができる発明特定事項のみに差異が存在する、又は被疑侵害対象に係る発明特定事項が請求項に係る対応発明特定事項の下位概念である、という３つのいずれかの場合である。

【表　「文言侵害」の判断方法】

請求項	被疑侵害対象	比較内容
物	物	物の構造、部品、成分又はその間の関係など
組成物	組成物	組成物の成分、組成比率 （被疑侵害対象に含まれる不純物又は製造経過で残留した物は原則として比較しない。）
方法	方法	方法の工程、条件又はその間の関係など
物の用途 （方法の工程あり）	物、用途及び方法	物、用途及び方法の工程
物の用途 （方法の工程なし）	物、用途	物及び用途

【表　「文言読取」と接続詞】

接続詞	請求項	被疑侵害対象	文言侵害
開放式	成分A、B及びCを含む組成物	成分A、B、C及びDからなる組成物	成立
閉鎖式	成分A、B及びCからなる組成物	成分A、B、C及びDからなる組成物	不成立
半開放式	主に成分A、B及びCからなる組成物	成分A、B、C及びDからなる組成物	成分Dが実質上対象特許の基本及び新規特性のその他の成分を改変しないもの、例えば不純物である場合、文言読取成立。

第六項　均等論

　均等論の判断においては原則として「発明特定事項ごとに（element by element）比較する」方法が採用される。即ち、請求項に係る発明特定事項と被疑侵害対象に係る技術内容との相違部分を一つ一つ比較し、これらの対応発明特定事項が均等であるか否かを判断する。被疑侵害対象及び請求項に係る対応発明特定事項が均等であるか否かを判断する際、一般的に「三要素テスト（tripartite test）」が採用される。被疑侵害対象に係る対応技術内容が請求項に係る発明特定事項と実質的に同一の方法（way）で、実質的に同一の機能（function）を執行し、実質的に同一の結果（result）が得られる場合、両者には実質的な相違がなく均等であると判断しなけれ

ばならない。「実質的に同一」とは、両者の差異は当業者が容易に完成することができるものである又は明らかに知ることができるものであることをいう。

　対応発明特定事項が均等であるか否かの判断において、「三要素テスト」に加え「非実質的相違テスト（insubstantial difference test)」も用いられる。即ち、請求項及び被疑侵害対象に係る対応発明特定事項の間に存在する相違が「非実質的な変更（insubstantial change)」である場合、又は対応発明特定事項の置換は当業者が侵害行為の発生時おいて既に知っており置換後に奏する効果が実質的に同一である（「置換容易性」を有する）場合、両者は均等なものと認定される。

　化学成分又は工程に係る発明特定事項と、機械、電機又はその他の分野発明特定事項とはその態様において相違がある。一般的に、化学分野の特許に対しては非実質的相違テストがよく適用されるが、どの判断方法を適用すべきかは、各案件に係る技術内容及び具体的な状況を見て、判断するのが好ましい。

第七項　均等論における制限事項

　特許権者が均等論による均等侵害を主張した場合、被疑侵害者は「権利一体の原則」「包袋禁反言」「先行技術阻却」又は「貢献原則」などの制限事項の抗弁を主張することができる。いずれかの制限事項が成立し均等論が適用されない場合、被疑侵害対象は均等侵害を構成しないと判断しなければならない。均等論と4つの制限事項は順番を問わず、同時に考慮され得る。

7.1　包袋禁反言

　包袋禁反言を「禁反言」と略称する。

　「包袋禁反言」とは、特許権者が出願経過又は権利維持過程において行った補正、訂正又は意見書提出により、特許権の範囲が減縮された場合、その後出願経過又は権利維持過程で減縮した内容（放棄した内容）につい

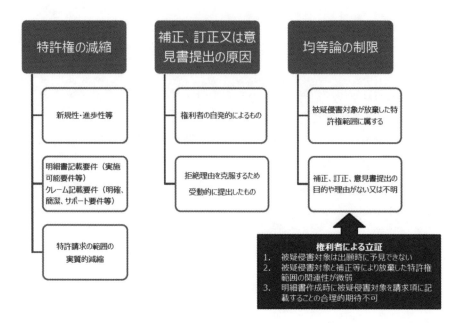

て均等論により主張することは認められないことを指す。

　禁反言適用の判断は、対象特許の請求項及び被疑侵害対象に係る対応発明特定事項が均等であるか否かを判断するのと合わせて、総合的に考慮しなければならない。よって、禁反言により均等論が制限されることで被疑侵害対象が均等侵害を構成しないことになるか否かを判断するにあたっては、まず対象特許が補正、訂正又は意見書提出等により特許権の範囲が減縮されたか否かを判断し、続いて被疑侵害対象の対応発明特定事項が当該補正、訂正又は意見書提出等により放棄された特許権の範囲に属するか否かを判断する。

　禁反言に関する注意事項として、禁反言は被疑侵害者が主張し立証する責任を負うのが原則である。また、国外の対応出願に係る出願経過を参酌してはならないのが原則である[5]。

---

[5]　知的財産裁判所 99（2010）年民専訴字第 66 号判決

7.2　先行技術阻却

「先行技術阻却」とは、均等論を用いて特許権の範囲を単一の先行技術と同一な範囲又は単一の先行技術により容易に完成できる範囲まで拡大することは認められないことをいう。これも被疑侵害者が主張し、立証する責任を負うのが原則である。先行技術阻却においては、発明特定事項を分解して比較するなではなく、被疑侵害対象と先行技術とを全体的に比較する方法が採用される。

7.3　貢献原則

「貢献原則」とは、対象特許の明細書又は図面には記載されているが請求項に記載されていない技術手段は公衆に貢献するものとみなされ、特許権者は均等論を用いて当該技術手段（発明特定事項）を主張することはできないことをいう。

第三節　間接侵害について

間接侵害に関し、日本と異なり台湾では専利法に明文規定はない。間接侵害に関する規定を専利法に導入すべきか否かに関し、台湾特許庁において幾度か検討がされたが共通認識を得るに至らず、現在も保留となっている。従って、現時点では直接侵害行為を行っていない第三者に対しては間接侵害を主張することができないため、民法第185条第2項の共同侵害行為による侵害責任追及を検討することになる[6]。

民法185条第2項の一般成立要件は以下の通りである。

1．直接侵害行為人が存在すること

2．共同行為人が故意又は過失であること（主観性）

---

[6]　民法第185条
　　第1項「複数人が共同で不法に他人の権利を侵害した場合、連帯して損害賠償責任を負う。加害者が特定できない場合にも同様とする。」
　　第2項「提案者及び幇助者も共同行為人と見なす」

3．提案行為又は幇助行為と侵害の発生に相当な因果関係があること（客観性）

　判決の見解を検討しても、台湾での民法第185条の適用条件については現時点で統一された見解は存在していない[7]。民法第185条を確実に適用するためには、保守的な見解で必要とされる条件をできる限り満たすようにすることが好ましい、即ち、以下の2点を証明できれば、間接侵害が成立する可能性がより高い。

1．直接侵害品が市場で購入できる。
2．提案者又は幇助者が故意であること（行為者が専利侵害を構成する事実について明らかに知っておりそれを発生させようとした、又は行為者がそれの発生を予期しその発生が本意に背かない）。

第四節　権利者の民事請求権

第一項　請求権の内容

　専利法第96条で規定されている権利者の民事請求権の内容は以下のとおりである。

(1) 侵害の除去（停止）
(2) 侵害の防止（予防）[8]
(3) 損害賠償請求[9]
(4) 侵害物又は侵害行為を組成した原料若しくは器具の廃棄、その他必要な処置[10]

---

[7]　知的財産裁判所99（2010）年民専訴字第59号判決、知的財産裁判所106（2017）年民専上字第18号民事判決、知的財産裁判所104（2015）年民専訴字第83号民事判決、知的財産裁判所101（2012）年民専上易字第1号判決、知的財産裁判所103（2014）年民専訴字第66号判決。
[8]　専利法第96条第1項
[9]　専利法第96条第2項
[10]　専利法第96条第3項

　なお上記「侵害物又は侵害行為を組成した原料若しくは器具の廃棄、その他必要な処置」については、侵害の停止又は予防と合わせて請求しなければならず、単独で請求することはできない。

第二項　請求権の主体

　特許権者及び専用実施権者（授権された範囲内）が、請求権を行使することができる。但し、特許権者は契約により専用実施権者による請求権行使を制限することができる[11]。

第三項　損害賠償請求権の時期的制限

　請求権は、請求権者が損害及び賠償義務者を知った時から2年間の間に行使されないときは消滅し、侵害行為の時から10年経ったときも消滅する[12]。

第四項　損害額の算定・推定

　特許権者は、次のいずれかの方法により損害額を主張することができる。

(1) 民法第216条の規定による。即ち、当該侵害行為により特許権者が被った損害及び失った利益の補填を限度とする。ただし、その損害を証明できない場合は、特許権者が特許発明を実施することによって通常得られる利益から、侵害後に同一の特許発明を実施することによって得られる利益額を差し引いた額を損害額とすることができる。

(2) 侵害者が侵害行為により受けた利益額。

(3) 当該特許発明の実施権設定によって取得できる合理的な特許権使用料を基礎として損害額を計算する。

　また、もし侵害者による侵害行為が故意であることを証明できれば、裁

---

[11]　専利法第96条第4項
[12]　専利法第96条第6項

判所は特許権者の請求により、侵害の程度に基づき、侵害者に対し懲罰的
損害賠償額を支払うよう命じることができる[13]。ただし、既に証明済みの
損害額の三倍を超えてはならない。

　2017年12月までの統計資料によれば、専利事件の判決による賠償金額と
して、100万～500万台湾ドルが42件と最も多く、10万～100万台湾ドルが
49件、500万台湾ドル以上が13件、その中で 1 億台湾ドル以上の件数が 3

民事第一審専利訴訟事件の損害賠償金額統計表

（2008年 7 月～2017年12月）

		5,000台湾ドル未満	5,000～10万台湾ドル	10万～100万台湾ドル	100万～500万台湾ドル	500万～1 億台湾ドル	1 億台湾ドル以上
特許	件数	0	2	7	15	6	3
実案	件数	6	15	28	20	3	0
意匠	件数	0	4	14	7	1	0
合計	件数	6	21	49	42	10	3
	割合	4.6%	16%	37.4%	32.1%	7.6%	2.2%

単位：件
出典：知的財産裁判所[14]

民事第一審専利訴訟事件判決による懲罰的賠償金額統計表（倍数別）

（2008年 7 月～2017年12月）

	5,000台湾ドル未満	5,000～10万台湾ドル	10万～100万台湾ドル	100万～500万台湾ドル	500万～1 億台湾ドル	1 億台湾ドル以上
1.5倍	0	0	3	3	0	0
2 倍	0	1	4	1	0	1
2.5倍	0	0	0	1	0	0
3 倍	0	2	0	0	0	0
合計	0	3	7	5	0	1

単位：件
出典：知的財産裁判所[15]

---

[13]　専利法第 97 条
[14]　知的財産裁判所資料
　　：http://ipc.judicial.gov.tw/ipr_internet/doc/Statistics/10801-22.pdf
[15]　前注と同様

件（それぞれ１億６千万台湾ドル、２億台湾ドル及び20億台湾ドル）。

第五節　特許権侵害訴訟の進行

第一項　管轄裁判所及び審理の特徴

2008年７月１日に知的財産裁判所が設立してから、特許民事訴訟の第一審及び第二審は知的財産裁判所の管轄に属するとされており、第三審は最高行政裁判所の管轄に属するとされている。

第二項　訴え提起前の準備

2.1　証拠収集

特許権者は訴え提起前に侵害品を取得しなければならない。取得方法としては、侵害品を実際に購入し領収書を保存しておくことが最も望ましい。信用調査機関に侵害者の会社や工場に関する現状調査、及び模倣品の購入を依頼することも可能である。また、ウェブ上の資料の証拠能力について、実務的には、ウェブページの資料を印刷する過程を公証人が公証することで、当該ウェブページの存在を証明することが認められている。

2.2　証拠保全

民事訴訟法第368条において「証拠が滅失するか使用することが困難となる恐れがある場合、又は相手方の同意を得た場合、裁判所に対して証拠保全の申立てを行うことができる。事、物の現状の確定について法律上の利益を有しかつ必要があるときは、書類証拠の鑑定、検証又は保全の申立てを行うことができる。」と規定されている。証拠保全の申立てに対する知的財産裁判所による保全決定の比率は近年上昇傾向にあり2016年には69％へと達している。2016年以降も比較的高い水準を維持していることから、「証拠保全」の申立ては特許権者からよく採用される訴訟前の準備手続の１つとなっている。

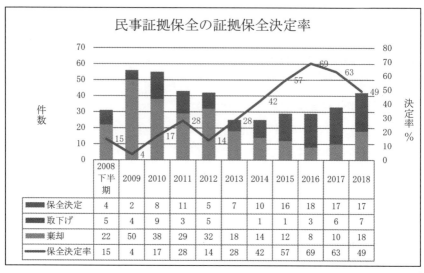

民事証拠保全の証拠保全決定率

	2008下半期	2009	2010	2011	2012	2013	2014	2015	2016	2017	2018
保全決定	4	2	8	11	5	7	10	16	18	17	17
取下げ	5	4	9	3	5		1	1	3	6	7
棄却	22	50	38	29	32	18	14	12	8	10	18
保全決定率	15	4	17	28	14	28	42	57	69	63	49

出典：知的財産裁判所[16]

注：保全決定率（％）＝ $\dfrac{\text{保全決定の件数（一部保全決定を含む）}}{\text{（保全決定＋棄却）の件数}} \times 100$

　証拠保全の申立て及び審理に関しては原則として一方的手続を採用する。知的財産裁判所は証拠保全の申立てがされた後、開廷手続きを行い申立ての理由を審理するのが一般的であり、保全対象に対してどのように保全を執行するか（保全対象の所在地、誘導の方法、保全対象を取得する方法及び保全方法などを含む）についてさらに審理する可能性もある。知的財産裁判所による証拠保全決定が下され、かつ決定の主文において被申立人の所在地へ出向く執行方法をもって保全を行うことが明記されている場合、知的財産裁判所は申立人と執行時期について調整を行う。裁判官は、執行当日に初めて裁判所による証拠保全決定書を被申立人に提示・送達

---

[16]　知的財産裁判所計資料
　：http://ipc.judicial.gov.tw/ipr_internet/doc/Statistics/10804-7.pdf

し、現場の状況に応じて証拠保全の執行方法を調整する。被申立人は証拠保全の執行を受けなければならないことを執行当日に初めて知ることになる。

　ここで注意すべきことは、申立人は証拠保全の手続終結後30日以内に本事件について訴えを提起しなければならないことである。期間内に訴えが提起されなければ、民事訴訟法第376条の２の規定に基づき、裁判所は利害関係人の申立てに応じて証拠保全による文書、物品の留置を解除するか又はその他適切な処置を行う旨の決定を下すことができるからである。

2.3　侵害解析、侵害鑑定報告

　被疑侵害物が確かに対象特許権を侵害したことを証明するために、内容について詳細な比較解析を行った上で侵害鑑定報告を作成する必要がある。侵害鑑定報告の提出は訴訟提起の要件ではないが[17]、侵害の立証における重要な書類であるため、侵害鑑定報告を提出することが賢明である。

　かつては司法院が特許侵害鑑定機構の推奨リストを公表していたが、当該リストは現在既に削除されている。よって、特許権者は任意の機関に侵害鑑定報告の作成を依頼するか、又は自ら侵害解析報告を作成する必要がある。その他、民事訴訟法第325条の規定により、裁判所は当事者の申立

---

[17]　1994年当時の旧専利法第131条第２項では、専利権者は訴訟を提起するときは、侵害鑑定報告を添付しなければならない、と規定されていた。しかし、後の司法院大法官釈字第507号において、「鑑定報告の提出を義務付けることは、裁判を受ける権利を保障する憲法に反する」とされたため、当該規定は削除された。司法院大法官釈字は日本の最高裁違憲判決に類似するが、少々異なる。台湾司法院は台湾の最高司法機関であり、司法権を管轄する。司法院の下に、最高法院（最高裁判所）、最高行政法院（最高行政裁判所）などが設けられている。司法院は15名の大法官より構成される。司法院は憲法解釈及び法律・命令の統一解釈に加え（憲法第78条）、総統・副総統の弾劾及び違憲政党の解散を行う（憲法追加条文第５条第４項）。司法院大法官が憲法や法律・命令についての解釈を示したものを、釈字といいそれぞれ番号が付される。釈字第185条によれば、司法院による解釈は台湾全域の各機関と人民を拘束する一般的効力を有する。よって司法院大法官の解釈内容に反するは効力を失うことになる。

てにより鑑定を行うことができる。よって訴訟の進行中に裁判所は通常、技術審査官に鑑定報告の見直しを依頼するか、原告被告双方による協議を経て他の機関に鑑定を依頼することになる。

2.4　特許有効性の検討及び訂正

　特許権者は訴えを提起する前に、対象特許が無効であると認定されるリスクについて予め十分に検討しなければならない。合わせて、対象特許の請求項や明細書等の記載内容に誤訳があるかどうか詳細に検討し、もし誤訳があれば自発的に訂正を行うことが賢明である。

第三項　特許侵害訴訟の流れ

　以下、特許侵害訴訟の流れを説明する。なお、以下は典型的な流れであるが、実際はこれとは異なる流れとなる場合もある。

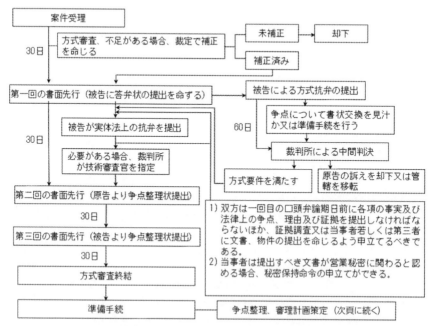

図　特許侵害訴訟の流れ（案件受理から方式審査終結まで）

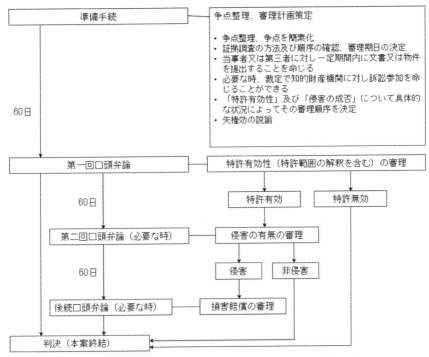

図　特許侵害訴訟の流れ（準備手続きから判決まで）

3.1　訴え提起、案件受理

　原告が訴状、添付書類、証拠を裁判所に提出することで、訴えを提起する。裁判所は訴えが提起されると、案件を受理する。

3.2　方式審査・補正

　裁判所は原告の訴状を審査し、形式的不備や訴状の記載に矛盾等がないか審査する。場合により原告が訴状を補正し、訴状の内容を修正することがある。

3.3　書面先行

3.3.1 第一回の書面先行

　方式審査を経て、裁判所は原告の訴状を被告に転送し答弁を求める。こ

の際に被告は方式抗弁を提出することができる。被告から方式抗弁が提出された場合、原告被告双方は方式の争点について書状交換を行わなければならない。その後、方式要件に欠陥があり解消されない場合は、原告の訴えを却下するか又は管轄が移転される。

　方式要件の欠陥が解消された場合は、被告から実体抗弁が提出され、必要がある場合は裁判官が技術審査官を指定し、証拠調査が行われる。

3.3.2　第二回・第三回の書面先行

　被告から実体抗弁が提出された後、原告被告双方は実質争点について争点整理状を提出する。争点整理状が提出されると、第一回の書面先行と同様の手続きが進められる。

3.4　準備手続

　台湾では証拠開示（Discovery）の制度は採用されていないため、原告及び被告が積極的に証拠を提出しない又は提出された証拠が不十分であると、裁判官の作業量が増え、審理に遅延が生じることになる。

　そこで、争点の整理や審理計画の策定を通じ、裁判官から双方に対して適時に有効な主張や証拠提出を行うよう促すことを目的として、準備手続が採用されている。

　準備手続においては、弁論準備手続が数回行われる。行われる回数は事件によって異なる。裁判官は訴訟指揮権を行使し、特許権の有効性及び侵害の成否について審理の順序を定める。特許権が有効であり侵害が認められた場合、損害論の審理に移行する。その中で、相互が書面を提出して主張反論を行い、書類その他の証拠を提出して立証活動が行われる。裁判官が事実・証拠の調査が既に完了したと認定する場合、口頭弁論が行われる。

3.5　口頭弁論

　裁判官は、双方に提出すべき証拠資料があると認定する場合、公文をもって原告及び被告に対し指定期間内に証拠資料の提出を求める。その上で

一回目の口頭弁論が開かれる。口頭弁論の回数については一回であること
が一般的である。

3.6 審理終結・判決

すべての審理が終結すると、裁判所は判決言渡の日を定める。そして、
判決言渡の日に、裁判所が判決を言い渡す。なお、判決は「判決書」とし
て、当事者に送達される。

第四項 訴訟中の被告の防御手段

4.1 防御手段

訴訟中の被告の防御手段として、侵害否認、時効の抗弁、及び特許無効
の抗弁等を主張することが考えられる。また、合わせて台湾特許庁へ当該
特許に対して無効審判請求を行うこともできる。

4.2 特許侵害訴訟における無効の抗弁

前述したように台湾の知的財産裁判所は2008年7月1日に設立された。
また「知的財産案件審理法」も同日より施行され、司法院も「知的財産案
件審理細則」などを含む多数の法律、規則や命令等を定めた。「知的財産
案件審理法」に追加された「特許無効の抗弁」制度[18]は、台湾における特
許侵害訴訟に大きな影響を与えるものとなった。

4.2.1 特許無効の抗弁を行うことができる時期

原則として、民事第二回口頭弁論の終結前であれば特許無効の抗弁を行
うことができる。但し、第一審において無効の抗弁を主張しなかった場合

---

[18] 知的財産案件審理法第16条第1項「当事者が当該知的財産権に取消されるべき、
廃止されるべき理由があると主張又は抗弁した場合、裁判所はその主張又は抗弁
に理由があるか否かについて自ら判断しなければならず、民事訴訟法、行政訴訟
法、商標法、専利法、植物品種及び種苗法又はその他の法律における訴訟手続の
停止に関する規定は適用されない。」

は、控訴審において主張することができない。また、弁論準備手続を行った事件について、弁論準備手続において無効の抗弁を主張しなかった場合は、弁論準備手続後の口頭弁論において主張することができない[19]。

4.2.2　特許無効の抗弁で主張可能な無効理由

　特許無効の抗弁において主張可能な無効理由は特許無効審判において主張可能な無効理由と同様である。

　特許無効の抗弁成立率に関して、2008年の制度適用開始から数年は成立率が60％ほどに達した。その後、内外から多数の批判の声が上がったことを受けてか、近年は低下し30％～40％となっている。

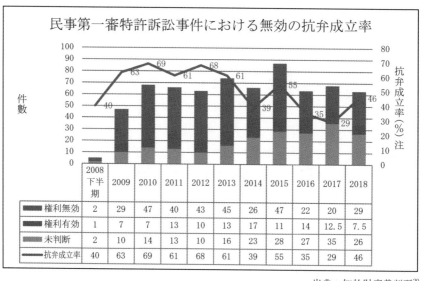

民事第一審特許訴訟事件における無効の抗弁成立率

	2008下半期	2009	2010	2011	2012	2013	2014	2015	2016	2017	2018
権利無効	2	29	47	40	43	45	26	47	22	20	29
権利有効	1	7	7	13	10	13	17	11	14	12.5	7.5
未判断	2	10	14	13	10	16	23	28	27	35	26
抗弁成立率	40	63	69	61	68	61	39	55	35	29	46

出典：知的財産裁判所[20]

---

[19]　知的財産案件審理細則第 33 条第 2 項
[20]　知的財産裁判所統計資料
　　：http://ipc.judicial.gov.tw/ipr_internet/doc/Statistics/10804-6.pdf

$$注：抗弁成立率（\%）= \frac{権利無効の件数}{無効の抗弁提起件数（権利無効＋権利有効＋未判断）} \times 100$$

4.2.3　審理の進行特許

　無効の抗弁が主張された場合、裁判所はその抗弁に理由があるか否かについて自ら判断しなければならず、民事訴訟法の規定により訴訟手続を停止してはならない[21]。裁判所は、当該争点に係る専門知識又は法的原則について、台湾特許庁の意見を伺う必要があるとき、台湾特許庁に裁判所への出延を命じることができる[22]。

　知的財産案件審理細則第32条において「特許権侵害に係る民事訴訟において、当事者が特許権に取消されるべき理由があると主張又は抗弁し、かつ特許権者が台湾特許庁に特許請求の範囲の訂正を請求した場合、その訂正が明らかに認められないものであるか、訂正を認めた後の特許請求の範囲では特許権侵害を構成しないため本案について審理、裁判することができる場合を除き、その訂正手続の進行を考慮し、当事者双方の意見を伺った後、適当な期日を指定しなければならない。」と明記されている。よって、知的財産裁判所は台湾特許庁に訴訟への参加を要求し、訂正の請求がされた場合にその訂正が認められるか否かについて意見を表示させるのが通常である。

4.2.4　無効の抗弁に係る判断の効力

（1）相対的効力

　裁判所が当該特許について特許無効の抗弁を認めたとき、「相対的効力」[23]のみ有し「対世的効力」は生じない。当該特許権を対世的に無効と

---

[21]　知的財産案件審理法第 16 条第 1 項

[22]　知的財産案件審理細則第 31 条第 1 項

[23]　知的財産案件審理法第 16 条第 2 項「前項の場合において、裁判所が当該知的財産権に取消されるべき、廃止されるべき理由があると認めるときは、知的財産権者は、民事訴訟において相手方に対しその権利を主張することができない。」

させたい場合、当該特許について台湾特許庁に無効審判の請求をしなければならない。

(2) 無効審決確定後の主張の制限

　「有効な抗弁」が濫用され被告の訴訟を遅延させる手段となることを避けるために、知的財産案件審理細則第28条第２項において「知的財産権が取消されるべき、廃止されるべき理由の有無に関し、行政争訟により無効審判請求不成立が確定したか、又は評定を請求する法定期限がすでに徒過した若しくは法により行政争訟において主張してはならない事由については、知的財産民事訴訟において、同一の事実及び証拠によりこれを主張することができない。」と規定されている。従って、行政争訟により無効請求不成立が確定した場合、民事被疑侵害者（即ち、被告）は同一の事実及び証拠により特許無効の抗弁を主張することができない。

民事第一審特許訴訟事件の終結類型統計表

年	件数	終結件数	取下げ	判決				和解	棄却決定	管轄へ移送	調停成立	その他
				計	勝訴	敗訴	一部勝訴					
2009	169	132	28	70	3	59	8	25	6	3	0	0
2010	232	211	63	103	4	89	10	27	18	0	0	0
2011	136	168	42	108	7	85	16	15	3	0	0	0
2012	161	133	28	100	4	76	20	5	0	0	0	0
2013	142	153	27	116	8	90	18	7	3	0	0	0
2014	115	111	25	74	5	56	13	11	1	0	0	0
2015	94	113	17	88	6	69	13	7	1	0	0	0
2016	99	100	18	70	2	54	14	9	0	0	3	0
2017	104	107	20	74	3	56	15	9	2	0	2	0
2018	114	124	27	73	3	62	8	7	10	2	4	1

単位：件
出典：知的財産裁判所[24]

---

[24]　知的財産裁判所統計資料
　　：http://ipc.judicial.gov.tw/ipr_internet/doc/Statistics/10804-4.pdf

第三編

実用新案

第一章　実用新案の定義

　実用新案は、専利法第104条において、「実用新案[1]とは、自然法則を利用した技術的思想のうち、物品の形状、構造又はその組合わせに係る創作を指す」と規定されている。日本の実用新案とほぼ同じである。

　実用新案の保護対象は物品の形状、構造又はその組合わせに係る創作である。よって、方法の創作等は実用新案の保護対象とはならない。物品とは確かな形状を有し、かつ一定の空間を占めるものを指す。形状とは物品外観の空間輪郭又は形態を指す。構造とは物品の内部又は全体の構成であり、各組成部品間の並び、配置又は相互関係で表されることが多い。組合わせとはある特定の目的を果たすため単独で使用される機能を有する2つ以上の物品を結合し、機能において相互に関連があるものを指す。保護対象か否かの基本判断方法は、請求項に記載された考案の対象が、物品の形状、構造又はその組合わせであれば、要件を満たすとされる。

---

[1]　実用新案（台湾では「新型専利」と呼ばれる）も専利の一種であり、対象の法律は専利法である。また、実用新案に関する規定と特許に関する規定の多くは同一である。そこで本稿では実用新案特有の規定を中心に述べる。

第二章　審査の形式及び流れ

第一節　審査の流れ

台湾実用新案登録出願手続きの流れ

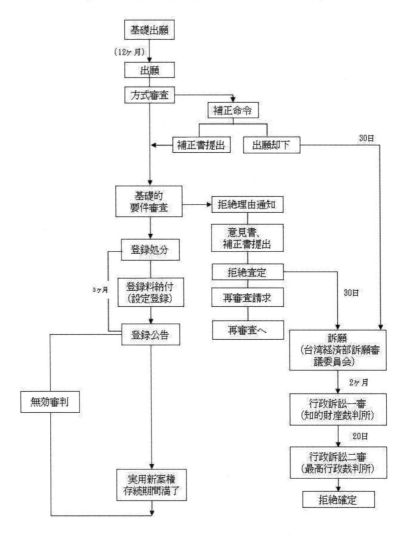

第二節　基礎的要件の審査

　実用新案の審査では方式審査のほか、基礎的要件審査が行われるが実体審査は行われない。

　基礎的要件は以下の通りである[2]。

(1) 物品の形状、構造又はその組み合わせに係るものであるか否か。

(2) 公の秩序又は善良の風俗を害するものでないか否か。

(3) 明細書、実用新案登録請求の範囲、要約書及び図面の記載は規定を満たすか否か。

(4) 単一性を有するか否か。

(5) 明細書、実用新案登録請求の範囲又は図面に必要事項が記載されているか否か、又はその記載に著しく不明確な点がないか否か。

(6) 補正後の明細書、実用新案登録請求の範囲又は図面が、出願時の明細書、実用新案登録請求の範囲又は図面に記載されている範囲を著しく超えているか否か。

　順調であれば出願から約 2 〜 3 ヶ月で登録査定となり、証書料及び登録料納付後に設定登録されるため、早期権利化が可能である点がメリットである。実用新案の権利期間は出願日から10年間である。よって、ライフサイクルの短い産業製品の保護に適している。

第三節　登録処分後の流れ

　基礎的要件の審査を満たす場合、登録処分が下される。処分書の送達日から 3 ヶ月以内に証書料及び第 1 年の登録料が納付されると、公告される。出願人は複数年の登録料を納付することも可能である。公告日より実用新

---

[2]　専利法第 112 条

案権が発生し、証書が交付される[3]。

　なお、実用新案の存続期間は出願日から10年となっている[4]。

実用新案の平均審査期間（月）

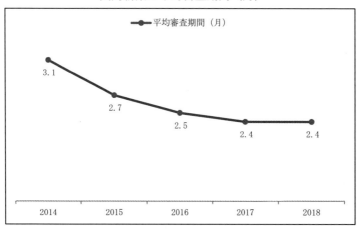

出典：台湾特許庁年報

第三章　実用新案の実体的要件

　実用新案では実体的要件は審査されないが、権利化後に権利行使をする際には、原則としてまず後述する実用新案技術評価を取得しなければならない。そして、実用新案技術評価の審査においては、主な実体的要件が審査される。

　実用新案の実体的要件は原則として特許と同一である（特許の実体的要件の詳細は第二編第二章第一節を参照）。一般的に特許は大発明、実用新案は小発明と称されるが、審査における進歩性の判断において両者に程度の違いはない。

　実用新案の保護対象は物品であるため、請求項に記載する保護の対象は物品でなければならない。原則として請求項において構造の特徴（形状、構造又はその組合わせ）により限定することになるが、実用新案の請求項には用途、方法、機能、特性、公式、材質、データ等といった「非構造的特徴」が含まれる場合もある。

　実用新案の実体的要件審査では、請求項に記載された全ての技術特徴に対して行われる。新規性の審査では、単一の先行文献において請求項に記載された全ての技術特徴（構造技術特徴及び非構造技術特徴）が開示されていなければ、新規性を否定する文献として用いることはできない。しかし、進歩性の審査では新規性とは異なり、請求項に記載された非構造技術特徴が構造技術特徴に変化又は影響をもたらすか否かにより、判断方法が変わる。仮に非構造技術特徴が構造技術特徴に変化又は影響を与える場合、先行文献では当該非構造技術特徴及び全ての構造技術特徴が開示されていなければ、進歩性を否定する文献として用いることはできない。一方、非構造技術特徴が構造技術特徴に変化又は影響を与えない場合、当該非構

造技術特徴は周知技術の運用であるとみなされ、先行文献では全ての構造技術特徴が開示されていれば、進歩性を否定する文献として用いることができる[5]。

---

[5]　専利侵害判断要点 2.7.8

第四章　特許及び実用新案の同日出願（一案二請）

　台湾では中華人民共和国同様に、特許及び実用新案の同日出願制度（一案二請）が存在する。2013年1月1日から施行された改正法ではこの同日出願制度を正式に明文規定した。

　この制度においては「権利接続制」が採用されている。すなわち、同一の発明（創作）について特許と実用新案を同日にそれぞれ出願すると、特許の査定前に台湾特許庁からいずれか1つを選択すべき旨の通知がされる。出願人はこの通知を受けた際に特許を選択した場合、既に登録されている対応実用新案権は特許権公告の日から消滅する。なお、注意すべき点として、同日出願の出願人は出願時に同日出願の適用を求める旨の声明をする義務を負い、特許又は実用新案のいずれか一方（又は両方）において当該声明をしなかった場合は、特許を受けることができないと規定されている。また改正後は「権利接続制」が採用され、特許の登録前における他人の実施行為に対し、特許出願に基づく補償金と実用新案権に基づく損害賠償のいずれをも請求できるとすると、出願人に不当な二重の利得を与えることになるため、特許権に基づく補償金請求権か実用新案権に基づく損害賠償請求権のいずれか1つを選択し行使しなければならない、と定められている[6]。

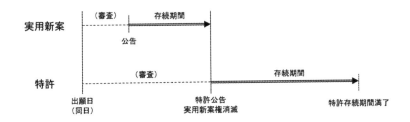

---

[6]　専利法第32条

第五章　実用新案の補正及び訂正

第一節　補正

　実用新案登録出願の方式審査や基礎的要件審査において、請求又は職権により指定された期間内に明細書、実用新案登録請求の範囲又は図面の補正を行うことができる。なお、誤訳の訂正を除き、補正は出願時の明細書、実用新案登録請求の範囲又は図面に記載されている範囲を超えてはならい[7]。

第二節　訂正

　明細書等について訂正を行うことができる時期は以下のとおりである。
（1）実用新案技術評価書の受理中
（2）実用新案権が訴訟に係属している間
（3）無効審判が係属している間

　実用新案の訂正に係る審査について、従来は無効審判の係属中のみ実体審査が行われ、無効審判が係属していない場合は方式審査のみが行われていたが、2019年の改正法施行により、無効審判の係属有無に関わらず実用新案の訂正については全て実体審査が行われるようになった。

　訂正は以下のいずれかの事項についてのみ、行うことができる。
（1）請求項の削除
（2）特許請求の範囲の減縮

---

[7]　専利法第 109 条

(3) 誤記の訂正

(4) 誤訳の訂正

(5) 明瞭でない記載の釈明

　また当初明細書、実用新案登録請求の範囲又は図面に記載した事項の範囲内においてしなければならず（誤訳の訂正は除く）、実質上実用新案登録請求の範囲を拡張又は変更してはならない。

第六章　実用新案技術評価

第一節　実用新案技術評価書の請求の作成

　実用新案制度が設けられた目的の1つはライフサイクルの短い製品の保護であり、早期権利化を図るために無審査登録制度が採用している。しかし、前述したように、実用新案は実体審査を経ずに登録となるため、実用新案権は安定性に欠く権利である。そこで登録後審査に類似する制度として、実用新案技術評価が設けられている[8]。なお、実用新案技術評価に関する規定は日本とほぼ同じである。

請求できる者	何人も
請求可能時期	実用新案権の設定登録後。実用新案権の消滅後にも請求できる。(無効後は請求不可)
審査項目	文献公知考案に基づく新規性及び進歩性、拡大先願、先願
期間	権利者でない者が商業的実施をしていることについて証拠を付して声明すれば、台湾特許庁は6ヶ月以内に完成しなければならない。
取下げ	不可
公告	評価書作成後、専利公報に公告される

第二節　侵害訴訟との関係

　実用新案技術評価は、実用新案権に係る侵害訴訟の提起における前提条件ではない。しかし、権利行使前に警告状を送付する場合には、実用新案技術評価書を提示しなければならない、と規定されている[9]。

---

[8] 専利法第115条
[9] 専利法第116条

　実用新案技術評価書を提示せずに権利行使をした場合の法的効果について、第117条では「実用新案権が取り消される場合、取り消される前に当該実用新案権を行使することにより他人に与えた損害について、賠償責任を負わなければならない。ただし、実用新案技術評価書の内容に基づいて、かつ相当な注意を払ったうえで権利を行使した場合には、この限りではない。」と規定されており、実用新案技術評価の請求後に権利行使をした場合に一定の免責が認められている。

　条文上の規定は上述の通りであるが、実用新案技術評価書を提示せずに権利行使をした判決[10]において、裁判所は次のように述べている。
　「本件では原告は台湾特許庁による実用新案技術評価を取得していないため、対象考案が実体的要件を満たすか否か判断することができない。加えて、原告は本件実用新案権に係る考案が実体的要件を満たし専利法の保護を受けることができることを証明するその他の証拠も提出していないにも関わらず本件訴訟を提起し、被告による実用新案権の侵害を主張しているが、この主張に根拠がないことは明らかである。」
　この判決では実用新案技術評価書を取得せずにされた権利主張を根拠がないとして原告の主張を退けている。よって訴訟提起の際には実用新案技術評価書を取得、提出することが賢明であると思われる。

　台湾では実用新案技術評価書は行政処分にあたらないため、実用新案権者は技術報告の結果に不服であっても、訴願や行政救済手続き等により技術評価書の内容の変更や技術評価書の取消を求めることができない。よって、実用新案は実体審査を経ることなく登録となるが、後の技術評価報告請求時に評価の低い結果となることを避けるためにも、出願時にその内容をしっかりと検討、考慮しなければならない。さらに、登録後に権利行使

---

[10]　台北地方裁判所94（2005）年度智字第57号民事判決

する際にも、権利の有効性を改めて確認する必要がある。

第三節　実用新案技術評価と特許実体審査の相違点

　実用新案技術評価と、特許の実体審査における相違点は以下の通りである。

	実用新案技術評価	特許実体審査
請求可能時期	実用新案権の設定登録後	出願日から３年以内
作成（審査）期間	約5.4ヶ月[11] 権利者でない者が商業的実施をしていることについて証拠を付して声明すれば、台湾特許庁は６ヶ月以内に完成しなければならない。	初審査における査定書発行までの平均期間は約14ヶ月[12]。
不服	行政処分ではないため、不服申立てはできない。	再審査査定に不服の場合、訴願を提起できる。
面接	不可	可
単一性及び産業利用可能性	単一性及び産業利用可能性については審査対象外	単一性及び産業利用可能性については審査対象
複数請求	複数回の請求が可能	請求は一度のみ可能

　台湾特許庁は実用新案技術評価書を一旦作成した後は、当該評価書の内容を変更することはない。一方、複数回の申請が可能であるため、評価書が作成された後であっても、何人も改めて実用新案技術評価の請求が可能である。２回目以降の評価書作成の際には、既に検索済みの文献については評価されず、新たに検索された文献や未だ評価されていない文献に基づいてのみ、評価が行われる。また、実用新案権に対して訂正がされ、かつ訂正が確定した場合は、訂正後の内容に基づき評価が行われる。

　以下の表は最近10年間の実用新案に関する統計を示したものである。

11　台湾特許庁 2018 年年報統計資料。
12　台湾特許庁 2018 年年報統計資料。

最近10年の実用新案に関する統計

(件)

年	出願件数	拒絶査定	登録登録証交付	技術評価請求	技術評価書作成	無効審判請求数
2009	25,032	216	23,595	2,603	1,448	703
2010	25,833	239	23,956	2,560	2,486	738
2011	25,170	313	24,038	2,301	2,821	622
2012	25,637	318	24,642	2,363	2,572	621
2013	25,025	264	24,844	2,273	2,676	481
2014	23,488	239	23,712	2,153	2,104	422
2015	21,404	193	22,106	1,964	2,155	406
2016	20,161	191	19,793	1,607	2,049	329
2017	19,549	174	19,037	1,553	2,075	314
2018	17,910	160	18,559	1,397	1,515	368

出典：台湾特許庁[13]

---

[13]　2018 年台湾特許庁年報
　：https://www.tipo.gov.tw/public/Attachment/951513425687.pdf

第四編

意　匠

第一章　意匠[1]の定義

　意匠（設計専利）は、専利法第121条において、「この法律で意匠とは、物品の全部又は部分の形状、模様若しくは色彩又はこれらの結合であって、視覚により訴えるものをいう。物品に応用されるコンピューター画像及び図形化ユーザインタフェースも、本法によって意匠登録出願をすることができる。」と規定されている。よって、意匠登録出願をすることができる意匠は、以下の要件を満たさなければならない[2]。

1. 物品に応用されるものであること

　　物品に応用されるコンピューター画像及び図形化ユーザインタフェースを含む。

2. 外観に係る創作であること

　　形状、模様、色彩又はこれらの結合の創作であること。

3. 視覚に訴えるものであること

　　上記規定に基づき、建築物も意匠登録を受けることができる。

　そして、意匠登録を受けることができないものは下記のとおりである（専利法第124条）。

1. 専ら機能性に係る物品の造形。

2. 純粋な芸術創作。

3. 集積回路の回路配置及び電子回路の回路配置[3]。

4. 物品が公の秩序又は善良の風俗を害するおそれがあるもの。

---

[1] 意匠（台湾では「設計専利」と呼ばれる）も専利の一種であり、対象の法律は専利法である。また、意匠に関する規定と特許に関する規定の多くは同一である。そこで本編では意匠特有の規定を中心に述べる。

[2] 専利審査基準第 3-2-1 頁

[3] 集積回路回路配置保護法で保護される。

第二章　出願から登録までの流れ

　意匠の出願手続きの流れは、特許とほぼ同一である。主な相違点は審査請求制度の有無である。

(1) 出願

　台湾でも「先願主義」(first-to-file system) が採用され、願書、明細書及び図面が完備した日を出願日とする。なお、台湾の意匠登録出願では説明書の提出が必須となっている。説明書には、意匠の名称、物品の用途及び意匠の説明を記載する。このうち、意匠の説明については必須記載事項であるが、物品の用途及び意匠の説明については図面において明確に示されている場合、記載は省略することができる。

(2) 方式審査、実体審査

　意匠の審査においては特許と同様、方式審査と実体審査が行われる。方式審査においては主として、説明書や図面の記載が規定に適合するか否か及びその他出願規定に適合するか否か（第一編第四節を参照）について審査される。

　意匠においては、特許のような出願公開や審査請求といった制度は採用されておらず、出願がされれば全て審査が行われることになる。審査を経て登録となるまでその内容は公開されない。実体審査における審査事項について本編第三、四、五章で説明する。

　台湾では日本の秘密意匠に相当する制度は存在しないが、出願に係る意匠の公開を遅らせる制度として、「実体審査延期」及び「公告延期」の2つがある。この両制度を活用することで、意匠の早期公開を避け、他社か

らの模倣盗用を防止することができる。

　「実体審査延期」は、実体審査の開始時期を遅らせることができる制度である。出願と同時又は拒絶理由通知や査定書を受ける前に申請を行うことができ、審査開始を最大1年間（出願日又は優先日から）遅らせることができる。申請費用は不要である。なお、「実体審査延期」は分割出願については対象外である。

　「公告延期」とは、登録査定後の公告時期を遅らせることができる制度である。通常、登録査定後に証書料及び登録料を納付すると、およそ1〜2ヶ月後に公告されることになるが、この公告時期を最大6ヶ月遅らせることが可能となる。申請費用は不要である。

(3) 拒絶査定、再審査

　最初の実体審査を「初審査」と称する。初審査において拒絶査定が下された場合、出願人は「再審査」を請求することができる。再審査は、出願人のみが請求可能である。再審査においても拒絶査定が下された場合、出願人は経済部訴願審議委員会（上級庁）に対して訴願を提起することができる。

(4) 登録査定、年金（登録料）納付、登録公告

　審査官による審査の結果、拒絶理由が発見されなかった場合、登録査定書が送達され、出願人より証書料及び1年目の登録料が納付された後、意匠は意匠原簿に登録され、公告される。なお、登録料については複数年まとめて納付することも可能である。

(5)訴願、行政訴訟

　再審査においても拒絶査定が下された場合は、訴願請求、行政訴訟の手続を通じて救済を求めることができる。

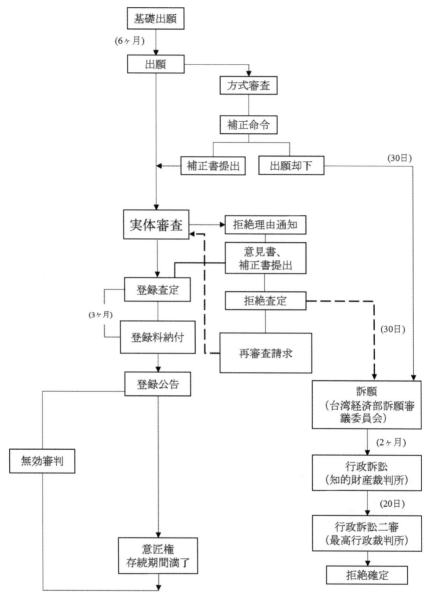

※ - - - - 線は、再審査段階の流れ

　実体審査を経て登録査定となり、証書料及び第1年度の年金を納付すれば意匠が登録（公告）され、意匠権が発生する。

　意匠登録出願の初審査段階において１回目の拒絶理由が通知されるまでの平均期間は6.1ヶ月、査定までの平均期間は7.4ヶ月である[4]。

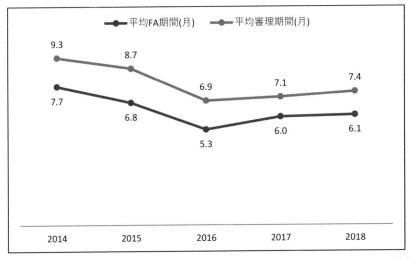

出典：台湾特許庁年報

　意匠権の存続期間は2019年11月１日施行の改正法により、出願日から起算して15年となった[5]。

---

[4]　台湾特許庁 2018 年年報統計資料。
[5]　専利法第 135 条

233

第三章　意匠登録出願

第一節　明細書の記載

1. 意匠の名称

　意匠の名称には、その意匠に係る物品が何であるかを明確、かつ簡潔に記載しなければならない。形容詞（「軽い〜」「新規な〜」）、技術や効果（「医療効果を有する〜」、「省エネ効果を有する〜」）といった物品とは無関係の文字を記載してはならない。意匠の名称には1つの物品のみ記載しなければならず、「自動車及び自動車おもちゃ」のように複数の物品を記載することは認められない。

2. 物品の用途（意匠に係る物品の説明）

　その物品の使用の目的、使用の状態等、物品の理解を助けることのできるような説明を記載する。意匠の名称や図面により物品の用途が明確に表されている場合、物品の用途の記載は要しない。

3. 意匠の説明 [6]

　意匠の形状、模様若しくは色彩又はこれらの結合の理解を助けることのできるような説明（意匠の特定事項及び図面に記載した意匠に係る事項を含む）を記載する。

　図面で表された意匠が以下のいずれかに該当する場合は、意匠の説明において明示的に記載しなければならない。

　(1) 図面に「意匠登録を受けようとしない部分」が含まれる場合、当該部分に関する説明を記載しなければならない。

---

[6] 専利審査基準第3-1-4頁

(2) 変化する画像デザインの意匠である場合、変化する画像の変化前後の態様を順番に説明しなければならない。

(3) 同一、対称又はその他の理由で図を一部省略した場合、その理由を説明しなければならない。

また、図面で表された意匠が以下のいずれかに該当する場合で必要があるときは、簡潔な説明を記載することができる。

(1) 材料特性、機能調整又は使用状態の変化により、意匠の外観に変化が生じるもの。

(2) 補助図又は参考図を有するもの。

(3) 組物の意匠であるもの（各構成物品の名称を説明することができる）。

第二節　図面の記載

対象となる物品の外観を十分に表す図面を提出しなければならない。意匠が立体である場合は、図面に立体図（斜視図）が含まれていなければならない。図面は立体図、六面図（正面図、背面図、左側面図、右側面図、平面図、底面図）、単元図[7]又はその他の補助図であることができる。「十分に表す」とは、意匠登録出願に係る意匠全体の外観が構成されるよう、当該意匠に係る各面を十分に表すに足るものでなければならないことをいう[8]。

現在の実務では立体図及び六面図が必要とされている。図としては一般的な図に加え、コンピュータ・グラフィックス（CG）又は写真を用いることも認められている。ただし、六面図において一般的な図、コンピュー

---

[7] 単元図とは、模様などが連続反復するものの１つの単位（ユニット）を示した図である。

[8] 専利法施行細則第53条、専利審査基準第3-1-9頁

タ・グラフィックス又は写真が混合していてはならない。

　また、出願人は状況に応じて補助図又は参考図を追加することができる。例えば、「断面図」、「部分拡大図」又は「使用状態図」等といった補助図や、「参考図」、「使用状態参考図」又は「〜参考図」等といった参考図を使用することができる（なお、参考図は審査官が審査を行うときの参考のみに用いられ、その記載形式は特に制限されていない）。

第三節　図面の色彩

　色彩を有する意匠に係る図面においては、その色彩が具体的に表現されていなければならない。意匠に係る色彩の解釈は図面の記載を基準とする。なお、出願人は、「意匠の説明」において当該色彩の工業色票番号を説明するか、カラーチャートを添付することによって、主張する色彩を明確的に表現することもできる。

　全体意匠、画像デザインの意匠又は組物の意匠であって色彩を主張しない場合、図面は黒色線図、グレースケール CG 又は白黒写真で表さなければならない。図面で意匠に係る色彩を表し、「意匠の説明」において「図面における色彩は、意匠登録を受けようとしない部分である」と説明したとしても、認められない。

　部分意匠であってその色彩を主張しない場合、図面は点線、破線又はその他の方法で「意匠登録を受けようとする部分」及び「その他の部分」を明らかに区別しなければならない。

第四章　意匠登録の要件

第一節　新規性

1. 判断主体[9]

　市場消費形態を模擬し、当該意匠に係る物品に対し普通認知能力を有する消費者（一般消費者）を主体とし、一般消費者が商品を選ぶ観点に基づき新規性が判断される。

2. 判断基準

　出願に係る意匠と公知意匠が同一又は類似の場合、出願に係る意匠は新規性を有しない。

3. 同一又は類似の種類

　　(a) 同一外観を同一物品に応用した意匠（同一意匠）

　　(b) 同一外観を類似物品に応用した意匠（類似意匠）

　　(c) 類似外観を同一物品に応用した意匠（類似意匠）

　　(d) 類似外観を類似物品に応用した意匠（類似意匠）

(1) 物品の同一・類似判断

　意匠登録出願に係る物品の認定は、図面で表された内容と「意匠の名称」欄に記載された物品とを対照することで行わなければならない。意匠登録出願に係る意匠が物品の部品である場合、物品の同一・類似判断は当該物品の属する分野における部品を対象とし、当該物品の部品の用途、機能に基づいて行われる。例えば、意匠登録出願に係る物品が「自動車の灯具」

---

[9]　専利審査基準第 3-3-8 頁

である場合、物品は自動車分野に応用される「灯具」であり、自動車自身でもなくその他の分野における「灯具」でもない。

(2) 外観の同一・類似判断

外観の同一・類似判断においては、図面で表された形状、模様又は色彩で構成された外観の全体を観察及び判断の対象とし、各意匠要素又は微細な一部の差異にのみ重点を置いてはならない。また、出願に係る意匠と公知意匠を比較する際、両者の六面図の各図面一つ一つについて比較してはならない。

(3) 部分意匠における外観の同一・類似判断

出願に係る意匠が部分意匠の場合、「意匠登録を受けようとする部分」の外観全体を基準とする。「意匠登録を受けようとしない部分」の外観は出願に係る意匠の内容ではないが、意匠が応用される物品の解釈や「意匠登録を受けようとする部分」の位置、大きさ、分布関係又はその他環境を解釈して外観の同一・類似判断を行う際には斟酌することができる。

第二節　創作非容易性

1. 判断主体

創作非容易性の判断主体は、その意匠の属する分野における通常の知識を有する者（当業者）である[10]。

2. 判断基準

公然知られた形状、模様若しくは色彩又はこれらの結合に基づいて容易に意匠の創作をすることができるかどうかが判断の基準となる。

---

[10]　専利審査基準第3-3-17頁。

3.　容易に創作できるか否か

　対象意匠と公知意匠との相違が、類似しない物品に対する直接の模倣又は転用などの手法に過ぎず、かつ意匠の全体の外観に特異な視覚効果を奏しない場合は、容易に創作できると認定される。例えば、自然界の形態、著名な著作物の模倣又は他の分野における公知意匠の直接の転用に過ぎず且つ意匠の全体の外観に特異な視覚効果を奏しない場合が挙げられる。また、前記相違が公然知られた意匠の外観に対する簡単な変更に過ぎない場合も、容易に創作できると認定される。例えば、他の公知意匠に対する直接な置換・寄せ集め、位置・比率・数の変更、又は公然知られた意匠の簡単な変更等に過ぎない場合が挙げられる[11]。

4.　部分意匠の創造非容易性の判断

　部分意匠の創造非容易性は主として「意匠登録を受けようとする部分」の全体を対象とし、それが容易に創作できる意匠であるか否かを判断する。

　「意匠登録を受けようとしない部分」は意匠に係る物品又は「意匠登録を受けようとする部分」との位置、大きさ、分布関係を示すためのものであるため、「意匠登録を受けようとしない部分」の創造非容易性を考慮する必要はない。

　しかし、当該「意匠登録を受けようとする部分」と「意匠登録を受けようとしない部分」との位置、大きさ、分布関係が当該意匠に係る物品においてよく見られるものではない場合、当該位置、大きさ、分布関係における差異が他の公知意匠及び出願時の通常知識を参酌して行う簡単な手法であるか否かを判断し、それに基づき当該部分意匠は容易に創作できる意匠であるか否かを判断しなければならない[12]。

---

[11]　専利審査基準第 3-3-17 〜 18 頁。

[12]　専利審査基準第 3-8-10 頁。

第三節　先願主義

　同一の又は類似する意匠について二以上の意匠登録出願があった時には、最先の出願のみについて意匠登定受けることができる。二以上の意匠登録出願の出願日、優先日が同日である場合、協議をして意匠登録を受ける出願人を定めるべき旨を出願人に通知しなければならない。協議が成立しなかった時は、いずれの出願人もその意匠について意匠登録を受けることができない。また、二以上の意匠登録出願の出願人が同一である場合、指定した期間内に二以上の意匠登録出願から一つのみ選択して出願すべき旨を出願人に通知しなければならない。指定期間内に届出がなかった場合、出願人はその意匠について意匠登録を受けることができない[13]。

　ただし、上述した先願主義の規定は以下のいずれかに該当する場合には適用しない。
(1) 本意匠に係る出願と関連意匠に係る出願。
(2) 同一の意匠登録出願に二以上の関連意匠登録出願があった場合、当該二以上の関連意匠の間[14]。

---

[13]　専利法第 128 条第 1、2 項
[14]　専利法第 128 条第 4 項

第五章　意匠の審査の流れ

　意匠では特許のような出願公開や審査請求の制度、実用新案のような無審査登録主義のいずれも採用されておらず、出願がされ方式審査に問題がなければ、そのまま実体審査へと進むことになる。

　意匠の審査の流れは、基本的に発明と同様である。

第一節　初審査、再審査

第一項　制度概要

　台湾において実体審査は初審査と再審査の二段階に分けられる。最初の実体審査を「初審査」と称する。

　初審査において拒絶査定が下された場合、出願人は「再審査」を請求することができる。再審査は、出願人のみが請求可能である。再審査においても拒絶査定が下された場合、出願人は経済部訴願審議委員会（上級庁）に対して訴願を提起することができる。（第二編篇第二章第二節第二項を参照）

1.1　初審査の審査事項

　初審査の審査事項は次のとおりである。各審査事項の内容については、後に述べる。

① 　意匠の定義（専利法第121条）
② 　登録を受けることができない意匠（専利法第124条）
③ 　説明書及び図面の記載要件（専利法第126条）
④ 　一意匠一出願（専利法第129条）

⑤　産業上の利用可能性（専利法第122条第1項）

⑥　新規性（専利法第122条第1項）

⑦　拡大先願（専利法第123条）

⑧　先願主義（専利法第128条）

⑨　創作非容易性（専利法第122条第2項）

⑩　新規事項を追加する分割出願（専利法第34条第4項を準用）

⑪　新規事項を追加する補正（専利法第43条第2項を準用）

⑫　外国語書面の範囲を超えた中国語翻訳文（専利法第133条第2項）

⑬　外国語書面の範囲を超えた誤訳の訂正（専利法第44条第3項を準用）

⑭　新規事項を追加する変更出願（専利法第132条第3項）

　初審査において、審査事項に関し拒絶理由を発見した場合、出願人に拒絶理由が通知される。出願人は拒絶理由通知で指定された期間内に、意見書又は補正書を提出し応答することができる。なお拒絶理由通知の応答期間は、在外者の場合は3ヶ月であり、この期間は一度に限り3ヶ月の延長が可能である。拒絶理由の通知は一度に限らず、複数回通知されることもある。

　審査官が審査事項に関し何ら拒絶理由を発見しないとき、又は拒絶理由通知に対する応答によって拒絶理由は全て解消されたと判断したときは、登録査定が下される。逆に、審査官が拒絶理由通知に対する応答によっては拒絶理由が解消しないと判断したときは、拒絶査定が下される。

1.2　再審査の流れ

　出願人は初審査での拒絶査定に対して不服がある場合、拒絶査定謄本送達日から2ヶ月以内に、再審査を請求することができる。（第二編篇第二章第二節第二項を参照）

第二節　拒絶理由通知

1.1　拒絶理由通知について

　審査を行った結果、拒絶理由を有すると判断した場合、審査官はその理由を付した拒絶理由通知を送付して、出願人に期限内に意見書を提出するよう通知しなければならない。

　なお、意匠では最後の拒絶理由通知の制度は採用されていない。

　拒絶理由は以下のとおりである。本章第一節1.1における初審査の審査事項と同一である。

①　意匠の定義（専利法第121条）

②　登録を受けることができない意匠（専利法第124条）

③　説明書及び図面の記載要件（専利法第126条）

④　一意匠一出願（専利法第129条）

⑤　産業上の利用可能性（専利法第122条第1項）

⑥　新規性（専利法第122条第1項）

⑦　拡大先願（専利法第123条）

⑧　先願主義（専利法第128条）

⑨　創作非容易性（専利法第122条第2項）

⑩　新規事項を追加する分割出願（専利法第34条第4項を準用）

⑪　新規事項を追加する補正（専利法第43条第2項を準用）

⑫　外国語書面の範囲を超えた中国語翻訳文（専利法第133条第2項）

⑬　外国語書面の範囲を超えた誤訳の訂正（専利法第44条第3項を準用）

⑭　新規事項を追加する変更出願（専利法第132条第3項）

　出願人の提出した意見書又は補正書では拒絶理由通知において指摘した拒絶理由が解消されなかった場合、又は拒絶理由に対して、意見書や補正書が提出されなかった場合、審査官は拒絶査定を下すことができる。（第

二編篇第二章第二節第三項を参照）

1.2　拒絶理由通知に対する応答

1.2.1　応答期限

　拒絶理由通知の応答期限は、拒絶理由通知書の送達日から2ヶ月内（在外人の場合は3ヶ月）である。この期間は1回に限り、2ヶ月（在外人の場合は3ヶ月）の延長を請求することができる。なお延長請求をする場合の政府費用は必要ない。

1.2.2　応答戦略

　拒絶理由通知に対する応答策として、基本的には拒絶理由通知における拒絶理由に基づいて書面を提出し意見を述べ、必要があるとき補正を行う。（第二編篇第二章第二節第三項を参照）

第六章　意匠登録出願の種類

第一節　部分意匠

　部分意匠とは、物品の部分の形状、模様若しくは色彩又はこれらの結合に係る意匠をいう。部分意匠の保護対象として、基本的には「物品における一部の部品」及び「物品における一部の特徴」の二態様に分けることができる。

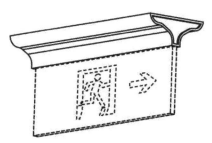
図9-2　物品における一部の部品

図9-3　物品における一部の特徴

第一項　意匠の説明

　部分意匠の「意匠の説明」欄においては、「意匠登録を受けようとしない部分」の表示形式を明確、かつ十分に説明しなければならない。例えば、「図面における点線部分は意匠登録を受けようとしない部分である」のように記載する[15]（**図9-2・図9-3**）。

第二項　図面の開示形式

　部分意匠の意匠登録出願に係る図面において、「意匠登録を受けようと

---

[15]　専利法施行細則第51条第3項第1号

する部分」及び「意匠登録を受けようとしない部分」を明確に区別できる形式で表示しなければならない。明確に区別できる形式として、例えば、点線、半透明、グレースケール、丸付け又はその他の形式等が挙げられる。図面が黒色線図の形式で表される場合、「意匠登録を受けようとする部分」は実線で具体的かつ写実的に意匠登録出願に係る意匠の外観を描かなければならず、「意匠登録を受けようとしない部分」は点線などの破線又はグレースケールで表示しなければならない。CG又は写真の形式の場合、「意匠登録を受けようとしない部分」は、「意匠登録を受けようとする部分」と明確に区別できるように、半透明等の形式で表示しなければならない[16]（**図9-4**〜**図9-8**）。

黒色線図

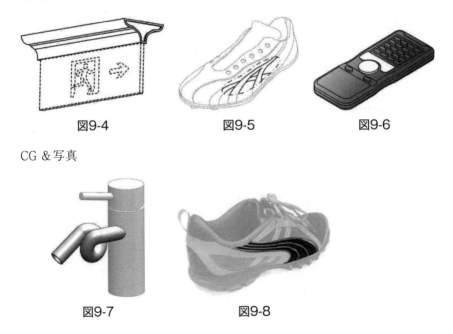

図9-4　　　　　　図9-5　　　　　　図9-6

CG & 写真

図9-7　　　　　　図9-8

---

[16]　専利審査基準第 3-8-4 頁

　また、図面における「意匠登録を受けようとしない部分」は意匠登録出願に係る意匠の外観の限定に用いてはならない。従って、意匠登録出願に係る意匠の周りの環境及び意匠に係る物品を明確、かつ十分に解釈できる場合、当該「意匠登録を受けようとしない部分」においては必ずしも意匠に係る物品の外観を全体的に表す必要はない（**図9-9**）[17]。

図9-9

第二節　関連意匠

　類似製品を開発した場合の権益を保護するために、意匠登録出願人は自己の意匠登録出願に係る意匠（以下「本意匠」という。）に類似する一以上の意匠（以下「関連意匠」という。）について、関連意匠として意匠登録を受けることができる。

第一項　関連意匠の要件
　関連意匠の登録要件は次のとおりである。
1．本意匠と同一の意匠登録出願人による、本意匠に類似する意匠に係る意匠登録出願であること。
2．意匠登録出願の日が本意匠の意匠登録出願の日以後である意匠登録出願であること。

---

[17]　専利審査基準第 3-8-5 頁

３．本意匠の公告前に出願された意匠登録出願であること。

４．関連意匠にのみ類似し本意匠に類似しない意匠登録出願でないこと[18]。

第二項　関連意匠の定義を満たさないもの

以下のいずれかに該当する場合、関連意匠の定義を満たさないとして、意匠登録を受けることができない[19]。

１．意匠登録出願に係る意匠と本意匠とが同一意匠である、即ち両意匠に係る物品及び外観が同一であるもの。

２．意匠登録出願に係る意匠が本意匠に類似しない。

３．本意匠に係る意匠権の設定登録の前に、本意匠が取り下げられたり拒絶査定が下されたり、又は期限内に意匠登録証を受領せず公告されなかったもの

第三項　関連意匠の効果

１．関連意匠の意匠権は単独で主張することができる。また関連意匠の意匠権はその類似範囲に及ぶ[20]。

２．関連意匠の意匠権の存続期間は公告日から始まり、本意匠の意匠権の存続期間が満了したと同時に満了する[21]。

３．本意匠が意匠権の放棄、登録料の不納付又は無効審決の確定で消滅した場合であっても、関連意匠の意匠権は存続する。

第三節　組物の意匠

第一項　組物の意匠の定義

同一分類に属する二以上の物品であって習慣的に一組として販売又は使

---

[18]　専利法第 127 条
[19]　専利審査基準第 3-11-2 頁
[20]　専利法第 137 条
[21]　専利法第 135 条

用されるものを構成する物品に係る意匠は、一意匠として出願をし、意匠登録を受けることができる[22]。「同一分類」とは、国際意匠分類表（ロカルノ分類表）における同一の大分類の物品をいう[23]。

第二項　意匠の説明

「意匠の説明」の欄において、組物全体が構成する全体的視覚外観の特別な点を説明しなければならない。例えば、構成物品を並列した結果組物全体として生じた統一のある視覚的効果、又は構成物品の間にある共通な意匠特徴等[24]。

また、図面で表された各構成物品の名称を補足したい場合、「意匠の説明」の欄において簡潔に説明することができる[25]。例えば、「図面で表された組物はプレーヤー、アンプ及び左右スピーカーを含む」又は「図面の正面図において、(1) がプレーヤー、(2) がスピーカー、(3) がアンプである」と記載することができる（**図9-10**）。

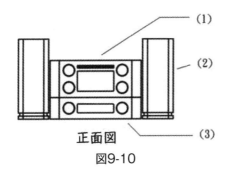

正面図

図9-10

第三項　図面の開示

組物の意匠は二以上の物品で構成されており、当該組物の意匠に係る外

---

[22]　専利法第 129 条第 2 項
[23]　専利法施行細則第 57 条　台湾は正式なロカルノ協定加盟国ではないがその分類を使用している。
[24]　専利審査基準第 3-10-3 頁
[25]　専利法施行細則第 51 条第 4 項第 3 号

観を十分に開示するためには、一般的に図面において各構成物品の全ての面図をそれぞれ開示しなければならない（例えば、各構成物品の立体図及び一組の六面図をそれぞれ記載する）。さらに、意匠登録出願に係る意匠の全体外観を具体的に表すために、組物を含む当該組物の意匠を代表する図を少なくとも1つ開示しなければならない（**図9-11**）。ただし、意匠の特徴により各図を合併形式で表すことで構成物品のあらゆる外観を十分に開示できる場合は、合併形式で開示することも可能である[26]（**図9-12**）。

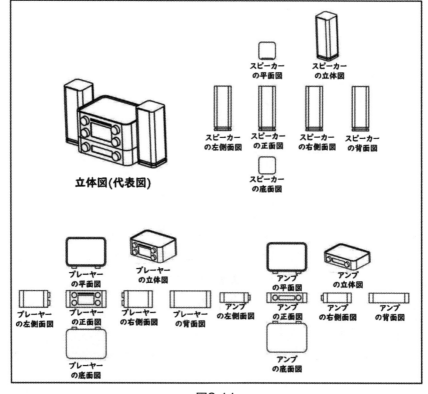

図9-11

---

[26]　専利審査基準第 3-10-3 頁

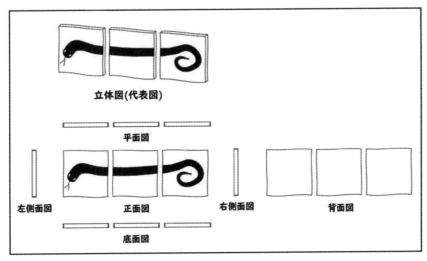

立体図(代表図)

平面図

左側面図　正面図　右側面図　背面図

底面図

図9-12

第四項　新規性

　一般消費者が商品を選ぶ観点に基づき市場消費形態を模擬し、組物の意匠に係る構成物品の全体外観を対象とし、単一の引用文献における公知意匠の対応部分とを比較しなければならない。複数の引用文献における全部又は一部の公知意匠の内容を組み合わせて比較してはならない[27]。単一の引用文献における公知意匠が組物の意匠に係る全ての構成物品を含む場合のみ、両者について同一又は類似の判断をすることができる。ただし、単一の引用文献における公知意匠が組物の意匠に係る全ての構成物品を含んでいないが、当該公知の組物の意匠において一部の構成物品を追加したとしたら、一般消費者に視覚的印象における混同誤認を生じさせる恐れがある場合、両意匠の外観は類似であると認定しなければならない[28]。

---

[27]　専利審査基準第 3-10-5 頁
[28]　専利審査基準第 3-10-6 頁

第五項　創作非容易性

創作非容易性を判断する際、複数の引用文献における全部または一部の意匠内容の組合せ、又は単一の引用文献における一部の意匠内容の組合せ、又は引用文献における意匠内容とその他の形式で公開された公知意匠の内容との組合せによって、判断することができる。

例えば、組物の意匠「一組のオーディオ機器セット」（プレーヤー、スピーカー及びアンプ）に対し、複数の引用文献それぞれにおいてプレーヤー、スピーカー及びアンプが1つずつ含まれている場合、審査官は当該複数の引用文献を基礎として、当該組物の意匠が容易に創作することができる意匠であるか否かを判断することができる。そして当該組物の意匠が、単なる簡単な組合せに過ぎず組物全体として特異な視覚的効果を生じない場合、創作非容易性を有しないと認定しなければならない。逆に、当該組物の意匠は公知意匠に対して修飾や新たな構成を経ることで特異な視覚的効果を生じる場合、創作非容易性を有するものであると認定しなければならない[29]。

例えば、下記組物の意匠「一組のオーディオ機器セット」は、公知であるプレーヤー及びスピーカーを簡易に組み合わせたものに過ぎず、当該組物の意匠に係る組物全体として特異な視覚的効果を生じるものではないため、創作非容易性を有しないものであると認定しなければならない[30]。

---

[29] 専利審査基準第 3-10-8 頁

[30] 専利審査基準第 3-10-8 頁。

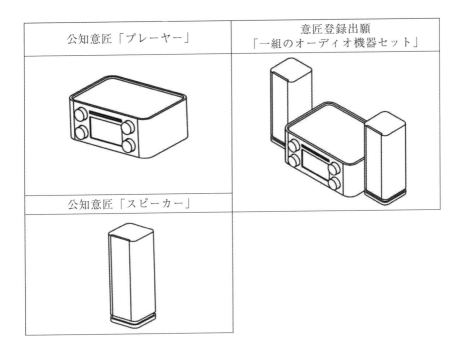

また、下記組物の意匠「一組のテーブルセット」は、当該組物の意匠に
係る各構成部品の追加、修飾並びに再構成により、組物全体として公知意
匠と異なる特異な全体的な視覚的効果を生じるため、創作非容易性を有す
るものであると認定しなければならない[31]。

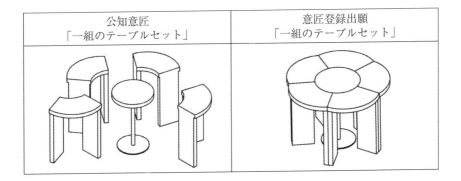

---

[31]　専利審査基準第 3-10-9 頁

第四節　画像デザインの意匠

　画像デザインの意匠とは、電子製品、コンピューター又はその他IT製品により生成され、当該製品のディスプレー装置により表示される仮想のグラフィカルインタフェースをいう[32]。

第一項　画像を含む意匠の態様

1．コンピューター画像

　単一な画像単位をいう。操作又は指示の機能を有する画像の意匠である。

2．グラフィカルユーザインタフェース（GUI）

　二以上のコンピューター画像、ダイアログボックス又はその他のメニュー等の単位から構成された全体的グラフィカル操作インタフェースを指す。

　コンピューター画像及びグラフィカルユーザインタフェースについて、静的な態様による意匠に加え、外観が変化する動的な態様による意匠として出願することもできる。外観が変化する画像とは、コンピューター画像又はグラフィカルユーザインタフェースの使用過程において、当該意匠に係る画像が複数に変化するものをいう（**図9-13**）[33]。

正面図1　　**正面図2**　　**正面図3**　　**正面図4**

図9-13

---

[32]　専利審査基準第3-9-1頁

[33]　専利審査基準第3-9-2頁

第七章　意匠権の侵害判断

台湾特許庁は2016年に「専利侵害判断要点」を制定した。以下に、意匠権侵害に関する規定を紹介する。

第一節　意匠権の侵害判断の流れ

意匠権侵害の判断は、概ね二段階に分けることができる。意匠権の範囲を確定する第一段階、確定済みの意匠権範囲と被疑侵害対象とを比較、判断する第二段階の２つである。確定済みの意匠権範囲と被疑侵害対象とを比較、判断する第二段階は、下記の手順で行われる（**図9-17**）。

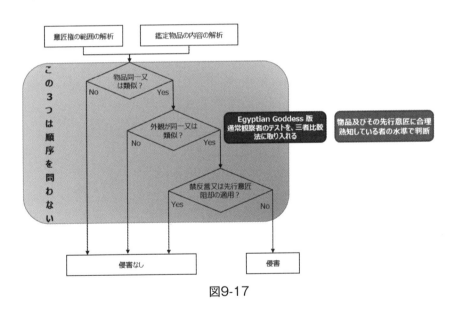

図9-17

（1）被疑侵害対象の解析

意匠権の範囲に係る物品及び外観と対照し、被疑侵害対象に係る対応意匠の内容を解析する。

（2）物品の同一又は類似を判断

　被疑侵害対象に係る物品と対象意匠に係る物品とが同一又は類似であるか否かを判断する。判断した結果、両物品が同一でも類似でもない場合、侵害は認められない。（詳細については第二節で述べる。）

（3）外観の同一又は類似を判断

　被疑侵害対象に係る外観と対象意匠に係る外観とが同一又は類似であるか否かを判断する。判断した結果、両外観が同一でも類似でもない場合、侵害は認められない。（詳細については第三節及び第四節で述べる。）

（4）包袋禁反言又は公知意匠阻却を適用するか否かを判断

　被疑侵害者が「包袋禁反言（第五節参照）」又は「公知意匠阻却（第六節参照）」を適用すると主張する場合、上記の（2）、（3）との順番を問わず、上記の（2）、（3）と合わせて当該主張を考慮しなければならない。両主張のいずれかが成立した場合、被疑侵害対象による侵害は認められないと判断しなければならない。一方、被疑侵害者が主張しなかったか又は主張したものの不成立となった場合、上記の（2）、（3）を経て両意匠に係る物品及び外観が同一又は類似であるとき、被疑侵害対象による侵害が認められると判断しなければならない。（詳細については第五節及び第六節で述べる。）

第二節　物品の同一又は類似の判断

　物品が同一であるとは、物品の用途が同一であることをいう。物品が類似であるとは、物品の用途が類似することをいい、即ち、物品の属する応用分野が類似することである。

　一般消費者が実際に商品を選ぶ観点、商品を使用する状況並びに商品の生産及び販売の状況を模擬することによって、物品の同一又は類似を判断しなければならない。「国際意匠分類」を参酌することは可能だが、同一類又は同一小類であるため両物品が同一又は類似であると機械的に認定することは推奨されていない。

　一般消費者の定義は、登録意匠の意匠にかかる物品及び先行意匠に合理熟知する者（familiar with similar prior art）である。一般消費者とは架空の者であり、登録意匠の意匠にかかる物品について通常程度の知識及び認識を有し当該物品を合理熟知するとともに、当該物品分野の先行意匠を参酌することで被疑侵害対象と登録意匠の相違点及び両者が類似設計か否かを合理判断することができる者を指す。専門家又は専門設計者等の当該物品分野で生産販売する者ではない。

第三節　外観類似の判断

　外観が類似であるとは、被疑侵害対象及び登録意匠に係る形状、模様若しくは色彩が完全同一ではないものの、両者に係る全体外観には実質上の相違がないことをいう。

　外観の類否を判断する際は、一般消費者が商品を選ぶ観点から、商品に一般的な注意を払い、全体観察及び総合判断の形式で、登録意匠に係る全体的な内容及び被疑侵害対象に係る当該登録意匠に対応する意匠内容を直接に観察し、かつ比較しなければならない。被疑侵害対象が登録意匠であると一般消費者に誤認させ、視覚的印象において混同を生じさせる恐れがある場合、両者の全体外観には実質上の相違がないため外観が類似であると認定する。

第四節　外観類似の判断方法

　以下に実務においてよく使用される外観類似における判断方法2つを紹介する。

(1) 異同分析法
　異同分析法の要点は、被疑侵害対象と登録意匠との相違が、被疑侵害対

象に係る全体的視覚的印象に影響を及ぼすに足るか否かにある。

　異同分析法は以下の手順により行う。
１．異同を確認する
　外観における共通部分及相違部分を分析し確認する。
２．その異同が意匠の要部であるか否かを決定し、その影響を評価する
　意匠の要部が共通部分であるか又は相違部分であるかを決定する。意匠の要部の一部が共通部分であって意匠の要部の一部が相違部分である場合、それぞれの影響程度を再評価しなければならない。そして、意匠の要部でない部分が共通部分であるか又は相違部分であるかを決定する。意匠の要部でない部分の一部が共通部分であって意匠の要部でない部分の一部が相違部分である場合、それぞれの影響程度を再評価しなければならない。
３．公知意匠の状態及び密集程度を評価する
　類否判断の参考として、公知意匠を参酌し、その分布状態を理解して公知意匠の属する分野の密集程度を評価する。
４．総合判断
　公知意匠の分布状態及びその密集程度を参酌し、被疑侵害対象と登録意匠とは同一又は類似であるか否かを総合判断する。
　以下に該当するものは、両者の外観が同一又は類似であると認定できる。
　(A) 両外観の意匠の要点が完全同一であり、意匠の要点でない部分が全体的視覚的印象に影響を及ぼすに足らない場合。
　(B) 両外観の意匠の要点が完全同一ではないがその相違が微細で、意匠の要点でない部分も全体的視覚的印象に影響を及ぼすに足らない場合。
　(C) 両外観の意匠の要点が完全同一でなくその相違も微細ではない。しかし、その相違は一般的なデザイン手法であり、意匠の要点でない部分が全体的視覚的印象に影響を及ぼすに足らない場合。
　以下に該当するものは、両者の外観が同一でも類似でもないと認定できる。
　(A) 両外観の意匠の要点が完全に異なる場合。
　(B) 両外観の意匠の要点が完全同一でなく、その相違が微細でも一般的

なデザイン手法でもなく全体的視覚的印象に影響を及ぼすに足る場合。

(2) 三者比較法

　三者比較法は客観的な分析法であり、被疑侵害対象と登録意匠とが類似であるか否かを判断する補助分析法であるが、唯一の分析法ではない。

　三者比較法は、被疑侵害対象と登録意匠とが明らかに非類似である（not plainly dissimilar）とはいえないとき、両者が類似であるか否かの判断に役立つ。公知意匠を基に、登録意匠の属する分野における公知意匠の状態及び三者間の類似程度を分析することで、被疑侵害対象と登録意匠とが類似であるか否かを判断する。

　被疑侵害対象と登録意匠とが明らかに非類似であるとはいえない（「明らかに類似である」及び「類似であると思われるが非類似であるとも思われる」を含む）場合で、特に両者の類否を判断しがたいとき、当事者の主張又は個別状況に基づき、当事者が提出した公知意匠又は出願経過において引用された公知意匠により、登録意匠の属する分野における公知意匠の状態を分析し、登録意匠、被疑侵害対象及び公知意匠の三者の比較について分析、判断を行う。

　被疑侵害対象と登録意匠との相違が十分明らかである（sufficiently distinct）とき、公知意匠を考慮することなく、両者の全体外観が非同一又は非類似であると直接に認定することができる。

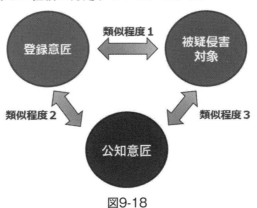

図9-18

　図の矢印の長さが類似程度を表し、矢印の長さが短いほど、両者の類似程度が高いことを示す。図の場合、類似程度1（登録意匠と被疑侵害対象間の類似程度）は、類似程度2及び3より矢印が長く、類似程度が低いため、登録意匠と被疑侵害対象は類似しないと認定される。

第五節　包袋禁反言

　被疑侵害対象に係る物品及び外観と登録意匠に係る物品及び外観とが類似であるものの、被疑侵害対象と登録意匠とが全体として類似である部分が、意匠権者が意匠登録出願から意匠権保護に至るまでの過程において制限、放棄又は排除したものであることを証明できる関連証拠がある場合、包袋禁反言が適用できる。包袋禁反言が適用された場合、物品又は外観の類否に関わらず侵害なしと認定される。

第六節　公知意匠阻却

　被疑侵害対象に係る物品及び外観と登録意匠に係る物品及び外観とが類似であるものの、被疑侵害対象と公知意匠とが同一又は類似であることを証明できる証拠がある場合、公知意匠阻却が適用できる（**図9-19**）。

　公知意匠阻却が適用された場合、物品又は外観の類否に関わらず侵害なしと認定される。

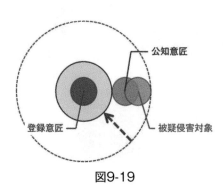

図9-19

資　料

索　引

著者紹介

黄　瑞賢（コウ　ズイケン）

維新国際専利法律事務所　所長／弁護士／弁理士

　理工及び法律の両方を専攻し、長年に亘り知的財産権関連、特に材料、化学、医薬品及び生化学等分野の出願及び訴訟に関わる権利保護を中心としたリーガル・サービスに尽力している。具体的には、知的財産権の出願、無効審判請求、訴願、行政訴訟、警告書の作成、及びその管理、実施許諾、保護、契約書の作成及び交渉、知的財産権の保全手続き並びに関連の民刑事及び行政訴訟を担当して今日に至る。

　2005年に台湾の弁護士試験に、2008年に台湾第1回弁理士試験に合格した。合格以前は特許事務所で特許エンジニアの職務を長年担当し、特許調査、出願、応答及び権利侵害鑑定などの基礎的実務経験を積んでいる。2012年に維新国際専利法律事務所を設立。20年以上にわたる日本関係の特許業務の経験を経て、数多くの日本企業の台湾における法律上の権益保護に努めている。

1967年6月12日生まれ

1991年	国立台湾大学農学部卒業
1995年	日本東京大学大学院（応用生命工学専攻）卒業
1995年〜1997年	エーザイ株式会社台北支店にて医薬品の臨床試験、承認申請関連業務に従事
1998年〜2012年	台北市の他の大手特許事務所にて勤務
2002年	国立台湾大学法学部卒業
2005年	台湾弁護士登録
2005年	台湾弁理士登録
2007年〜2009年	台北弁護士会バイオ・ライフサイエンス法委員会副委員

長

2009年～2015年	台湾行政院経済部弁理士綱紀委員会会員
2009年～	国立高雄海洋科技大学等の大学機関における講師歴
2009年～2015年	台湾弁理士会理事、監事歴任
2009年～2015年	台湾弁理士会国際事務委員会副委員長
2012年～2018年	アジア弁理士協会（APAA）台湾部会理事、監事歴任
	アジア弁理士協会（APAA）総会及び台湾部会商標實務委員会委員長
2012年	維新国際専利法律事務所設立
2018年～	国際商標協会（INTA）–Enforcement Committee 委員

所属団体

台北弁護士会、台湾弁理士会、アジア弁理士協会（APAA）、国際商標協
会（INTA）、国際弁理士連盟（FICPI）

降幡　快（フリハタ　カイ）

維新国際専利法律事務所　日本弁理士

2011年から台湾在住する中国語堪能（華語文能力試験 TOCFL 精通級）な日本弁理士。2012年から黄瑞賢とともに維新国際専利法律事務所を設立、現在に至る。台湾、中国、日本に関する特許、実用新案、意匠及び商標等の知的財産権全般の業務及び最新実務に精通。外国案件（外国から台湾及び台湾から外国）における特許、実用新案、意匠及び商標の出願、中間処理から権利維持等を主に担当。その他、電子メディア投稿、台湾や日本各地での講演等多数。

1984年12月31日生まれ
2007年　　　　　明治大学商学部卒業
2007年〜2010年　都内のソフトウェア会社勤務
2012年　　　　　黄瑞賢とともに維新国際専利法律事務所を設立
2019年　　　　　日本弁理士登録

所属団体
日本弁理士会

論文
「台湾での数値限定発明の進歩性判断及び侵害判断における代表的判決紹介」（知財管理誌2018年12月号 VOL.68 NO.12（NO.816）、一般社団法人日本知的財産協会 JIPA）

維新国際専利法律事務所

　本所は、知的財産権を専門とし、特に長年の日本知財関連業務の経験に基づき、日本向け特許、実用新案、意匠及び商標等の知的財産権を中心に取り扱う事務所です。本所は誠実、効率、品質を所訓とし、全てのサービスにおいて誠実を徹底し、効率がよく品質の高いサービスを提供することで、クライアント様からの信頼を得てまいりました。本所が最も得とする技術分野は長年にわたって扱ってきた材料、化学、医薬品及び生化学ではありますが、これに限らず機械、電気電子等の分野についても多くの経験があります。

　台湾の知的財産専門事務所として、本所の主な特徴は以下の３つです。

1．専門知識研究型
　知的財産という業界において良いサービスを提供するためには、高度な専門知識や経験、そしてグローバルな最新情報が必須です。そして、こうした知識や情報は日々更新することが不可欠です。本所では台湾及び中国の知的財産について、最新情報の入手や法改正、それに伴う対応戦略など、実務に役立つ情報を日々研究し外部へ発信しています。台湾や中国のみならず、アメリカ、日本、韓国、欧州など世界各国の知的財産に関する情報や最新実務についても、海外代理人と協力しながら情報の入手やアップデートを行っています。

2．出願と権利保護のいずれも経験豊富
　本所は知的財産権の出願だけでなく、権利化後の様々な業務（権利保護、権利主張、紛争事件や模倣品取締）についても多数取り扱っている。これより、明細書の作成・翻訳段階においても、後の権利主張への影響を常に考慮して作業を進めています。権利化後の権利主張段階においては、審査過程での状況や応答内容を検討した上で、効果的でベストな戦

略及び手段を検討していきます。

3．海外代理人との豊富なネットワーク

　　本所は長期にわたり海外（台湾以外）での知的財産権取得や権利保護のサービスを行っております。よって、海外代理人との関係性を重視しており、クライアント様の需要や特性に合ったふさわしい海外代理人を選択・紹介することが可能です。海外代理人との提携や国際会議等への出席により、世界各国の非常に多くの海外代理人と良好な関係性を築いております。外国の制度や実務に変化があった場合には、このネットワークを活用し、最新の情報を迅速に得ることができ、スピーディーな対応を採ることが可能となります。

カバーデザイン　サンクデザインオフィス

台湾専利実務ガイド

2020年（令和2年）4月10日　初版発行

編　集
©2020　　黄　瑞賢
　　　　　降幡　快

発　行　　一般社団法人発明推進協会

発行所　　一般社団法人発明推進協会
　　　　　所在地　〒105-0001
　　　　　　　　　東京都港区虎ノ門3-1-1
　　　　　電　話　東京　03（3502）5433（編集）
　　　　　　　　　東京　03（3502）5491（販売）
　　　　　ＦＡＸ　東京　03（5512）7567（販売）

乱丁・落丁本はお取替えいたします。
　ISBN978-4-8271-1336-5　C3032
　　　　　　　　　　　　　　　　印刷：株式会社丸井工文社
　　　　　　　　　　　　　　　　Printed in Japan

本書の全部または一部の無断複写複製を禁じます
（著作権法上の例外を除く）。

発明推進協会ホームページ：http://www.jiii.or.jp/